하버드 비즈니스 스쿨에서
내가 배운 것들

하버드 비즈니스 스쿨에서
내가 배운 것들

WHAT
I HAVE
LEARNED
FROM
HARVARD
BUSINESS
SCHOOL

내일의 세상에 '다름'을 던지는
젊은 리더들의 성장 수업

최다혜 지음

ORNADO
토 네 이 도

우리는 세계를 변화시킬 리더를 양성한다.
We educate leaders who make a difference in the world.

하버드 비즈니스 스쿨의 교육이념

추천사

'이 사람의 에너지 레벨은 어디까지일까?' 저자를 보며 내가 늘 지녔던 의문이다. 이 책에서는 지금까지 그녀를 이끌어온 '하버드 비즈니스 스쿨'표 동력들을 곳곳에서 느낄 수 있다. 하버드에서 그녀가 배운 것 그리고 이 책에서 전하고자 하는 바는 어렵고 복잡한 지식이 아니다. 잘 부탁하는 법, 우선순위의 기준, 잘 듣는 태도, 똑똑한 질문자가 되는 법 등 자신의 일을 더 사랑하고 성장하길 원하는 이들이라면 그녀의 힌트에 집중해보길 바란다.

윤수영 • 트레바리 대표이사

저자가 하버드 비즈니스 스쿨에서 배우고 얻은 인사이트에 100퍼센트 공감한다. 나 역시 스탠퍼드 경영대학원에 입학하여 수업을 듣고, 친구들과 교류하며 서서히 인생에 대한 관점, 비즈니스에 대한 가치관, 사람에 대한 생각이 변화되었기 때문이다. 저자가 이 책에 담은 지혜롭고 반짝이는 이야기들이 당신에게 크고 작은 도움이 되길 기대한다.

이승훈 • 링글잉글리시에듀케이션서비스 대표이사

저자는 이 책을 통해 하버드 MBA의 특별한 수업 과정과 자신만의 내밀한 체험기를 한데 엮어 흥미로운 이야기를 들려준다. '세계를 변화시킬 리더를 양성한다'는 교육이념 아래 펼쳐지는 하버드의 풍경들을 따라가다 보면 나 역시 이곳을 다니며 배우고 깨우쳤던 것들이 다시 한 번 떠오르며 삶의 지혜로 다져진다. 이 책이 당신의 일과 성장에 새로운 터닝포인트가 되어주리라 믿는다.

홍민선 • 넷플릭스 코리아 컨텐츠 총괄 디렉터

나는 오랜 기간 저자를 지켜봐 왔다. 그런 내가 그녀가 가장 성장하고 있다고 느꼈던 시기는 바로 그녀가 HBS를 다닐 때였다. 변화를 두려워하지 않고 과감히 서울을 떠나 보스턴에서 새롭게 배우고 도전했던 그녀의 성장기가 이 책에 단단히 담겨 있다. 결국 다양한 경험을 지혜로 승화하는 사람만이 살아남는다. 지금에 안주하지 않고 끊임없는 성장을 꿈꾸는 젊은 인재들이라면 이 책을 읽고 자신만의 도전기를 써나가길 바란다.

홍정인 • 메가박스중앙(주) 대표이사

내 인생을 위한
새로운 인풋이 필요했다

7년간의 직장생활을 버티고 견디며 나 또한 대한민국의 많은 직장인들과 마찬가지로 성장에 대한 갈증에 시달렸다.

대학을 졸업하고 첫발을 내딛는 순간의 설렘도 잠시, 업무에 익숙해질 무렵이면 또 다른 고민이 시작된다. 매 순간 열심히 살아내고 있고, 대학 동창들과의 술자리에서 이야기할 법한 포트폴리오도 쌓였는데 도무지 스스로 잘하고 있다는 생각은 들지 않았다. 신입사원일 때보다 지갑에 여유도 좀 생겼는데 마음은 이상하게 불안하고, 나보다 더 열심히 사는 듯한 친구들의 모습을 보면 내심 초조해졌다. 분주하지만 정체되어 있는 일상, 지적 자극과는 거리가 먼 현실에 대한 불만이 싹트고 있었다.

사실 하루 대부분의 시간을 회사에서 보내다 보면 인풋 input과 아웃풋output의 균형이 무너지기 쉽다. 이러한 상황에서 내가 찾은 돌파구는 MBA였다. 조금 더 욕심을 내서 이왕 공부하는 거 '세계 최고의 명문 경영대학원이 어떨까?' 하는 생각에 이르렀고, 그렇게 하버드 비즈니스 스쿨Harvard Business School, HBS을 목표로 준비를 시작했다.

이후 하버드 비즈니스 스쿨 외에도 MIT와 와튼 스쿨에서도 합격 통지를 받았지만 일말의 망설임도 없이 하버드 비즈니스 스쿨을 선택했다. 나의 결정에 가장 큰 영향을 미친 것은 주변에서 만난 HBS 선배들의 조언이었다. 나의 오랜 멘토이자, 지원할 때 추천서를 써주신 첫 직장에서 만난 은사 분은 HBS는 경영학뿐 아니라 삶의 방향성을 다시 정립하기에 가장 좋은 곳이라고 말씀해주셨다. 다른 학교에 비해 압도적으로 많은 학업량과 이에 수반되는 스트레스는 있을지언정 큰 변화를 경험하기에 최적의 장소라는 의미였다. 나보다 두 해 앞서 HBS를 선택한 친구도 이곳을 통해 인생의 많은 것을 바꿀 수 있다며 입학을 독려했다. 내가 살고 싶은 국가와 도시, 어울리고 싶은 사람들, 종사하고 싶은 산업, 도전하고 싶은 업무, 심지어 삶을 즐기는 방식까지도 바꿀 수 있는 학교는 HBS가 유일하다며 등을 떠밀어주었다.

특정 전문지식을 전달하기보다 통합적 리더십을 교육하는 커리큘럼 탓인지, 무한히 주어진 네트워킹과 배움의 기회 때문인지, 혹은 그곳에 모인 사람들 덕분인지는 몰라도 HBS는 극적인 변화를 만들 수 있는 가장 확실한 공간이라는 확신이 점점 깊어졌다. 나는 학원이 아니라 학교를 원했고, 경쟁자가 아닌 커리어의 동반자를 만나고 싶었으며, 나를 송두리째 뒤흔들 배움의 길을 찾고 싶었다.

누군가는 요즘같이 온라인으로 세계의 다양한 콘텐츠를 배울 수 있는 시대에 왜 군이 많은 시간과 비용을 들여가면서 하버드 MBA에 도전하는 거냐고 의문을 제기할 수도 있다. 야생에서 배운 생존 기술이 더 쓸모 있듯 현업에서 배운 경영지식이 더 실용적이라는 조언이나, 조금 늦은 나이에 진학하는 것이 걱정되지 않냐는 지적도 일리 있다.

하지만 각국의 인재가 모여서 만들어내는 다양성을 경험함으로써 글로벌 리더의 경쟁력을 획득하고, 동시에 세계 최고의 석학들에게 최상의 경영 수업을 받는 유일무이한 경험의 관점에서 본다면 조금 다른 이야기가 되지 않을까. 비정규 교육이 활성화되면서 학위 무용론이 제기되는 와중에도 HBS에 진학하려는 인원이 해마다 늘고, 합격률 또한 12~13퍼센트 대에서 2018년에는 10.8퍼센트까지 낮아진 것도 이와 같은 맥락일 것이다.

학교를 졸업하고 보니 무려 2억 원에 달하는 돈을 단 2년에 쏟아부었다는 사실을 알게 되었다. 장학금 제도가 잘되어 있는 HBS였기에 망정이지 다른 학교였다면 더 많은 돈을 써야 했을 것이다. 조금이라도 아껴 종잣돈을 모으고, 재테크를 통해서 모은 돈을 불려 가는 것이 정답이라고 여겨지는 시류에 맞지 않는 선택이었을 수도 있다. 하지만 나, 그리고 함께한 친구들은 HBS의 경험이 단순히 ROI(Return on Investment, 투자자본수익률)가 나오는 일이 아닌 더 근본적인 가치임을 알고 있었다.

입학하기가 너무나도 까다로워 그 어떤 교육기관보다 폐쇄적이면서도, 또 큰 꿈과 무서운 집중력을 가졌다면 누구라도 도전해볼 수 있기에 가장 개방적인 HBS. 한 해 뽑는 인원수가 900명이 넘는, 결코 작은 학교가 아님에도 불구하고 HBS의 입학 과정에 대해서는 예나 지금이나 유독 루머가 많다. 한국 국적의 학생들이 입학하는 케이스가 흔치 않아서일까. 특히 우리나라에서는 통용되는 정보가 제한적이고, 그 때문에 도시전설 같은 루머도 많다. 특정 학교나 기업 출신이 아니면 불리하다는 이야기도 있고, 최소한 3개 국어는 해야 한다는 이야기가 진실처럼 받아들여진 적도 있다.

한편으로 HBS에는 모든 조건을 완벽하게 갖춘 사람이 모이는 것처럼 보이기도 하지만, 사실 다양한 백그라운드와 경험, 그리고 개성을 수용하는 열려 있는 공간이다. 현재보다는 미래에, 현상보다는 변화에 관심을 두고 있는 학교이고, 다양성을 통한 배움을 중시하는 만큼 강의실에 앉아 있는 학생들의 모습은 그야말로 각양각색이다. 낯선 두려움을 조금만 극복한다면, 그 열린 캠퍼스를 만끽할 수 있을 것이다.

여전히 미지의 영역으로 남아 있는, 보스턴 캠퍼스에서만할 수 있는 경험을 전하고자, 2년간의 유학생활을 통해 얻은깨달음과 배움의 순간을 기록했다. 경영학적 지식이라기보다는, HBS에서 치열한 삶을 가꾸는 친구들의 생각과 태도를 담는 데 집중했다. HBS는 학문을 배우기에 앞서 사고의 틀을배우는 곳이고, 경험을 누리기에 앞서 삶의 태도를 변화시키는 곳이며, 성공하는 기술을 익히기에 앞서 가치관을 정립하는 곳이다.

나와 함께했던 뛰어난 클래스메이트Classmate들과 어떤 소통이 있었는지, 그리고 그 소통을 통해서 배움을 쌓아간 현장의 면면을 여러분과 함께 나누고 싶다. 풍문으로만 들었던 HBS가 궁금하다면 조금 더 구체적인 경험담 안에서 사소하게 보이더라도, 새로운 발상의 문을 여는 키워드를 발견해보길 권한다.

차례

추천사 6

프롤로그 내 인생을 위한 새로운 인풋이 필요했다 8

Chapter 1

하버드 MBA 오리엔테이션 첫 시간   21
가장 먼저 부탁하는 법을 배우다

회사에서 가장 어려웠던 일 | 스트레스가 극단에 달한 어느 날 | 부탁 없이 성장도 없는 | 하버드가 강조하는 부탁의 3단계 | 어떤 부탁은 신뢰가 된다 | 일잘러들이 부탁을 대하는 자세 | 현업으로 돌아온 후

Chapter 2

당신은 솔직히 제대로 듣고 있습니까?   41
하버드 강의실에는 노트북이 없다

하버드의 유일한 교과서 | 집단지성의 힘 | 경청의 진화 | 1단계: 몰입 | 2단계: 실시간 정리에서 의사결정까지 | 3단계: 경청을 넘어 유추로 | 신뢰한다면 들어라

Chapter 3

중요한 것을 위한 과감한 희생   61
하버드의 버킷리스트, 투두리스트

퍼스트 이얼 플루에 걸릴 때쯤 | 과감한 포기 | 나의 인턴 구하기 대작전 | 잘해야 하는
일, 잘하는 일, 잘하고 싶은 일 | 한 가지 방향성을 정했다면

Chapter 4

먼저 프로페셔널한 질문러가 될 것   79
좋은 질문이 좋은 답변을 만든다

HBS의 1학년 커리큘럼 | 스카이 데크에서 바라본 강의 풍경 | 질문의 자정작용 | 하버
드 질문 러버들 | 질문하는 마음에서부터 | 프로페셔널의 출발점

Chapter 5

'나 사용설명서'를 가지고 있나요?   97
하버드 학생들의 나 사용법

자신의 매뉴얼대로 | 지치고 우울한 감정을 대하는 자세 | 나의 마음 사용설명서 | 하
버드 클럽 활동 | 각자의 처방전 | 나의 하루를 기록하다 보면

Chapter 6

하버드에서 가장 인기 있는 강의   113
인생은 협상이다

협상의 장으로 | 어떤 스타일의 협상가인가 | 잊지 못할 패배의 순간 | WHY에서 출발해서 | 나의 세 가지 협상 원칙 | 진정한 승자

Chapter 7

마지막 한 끗   131
하버드 학생들의 최선은 무엇이 다른가

최선을 기록하는 법 | 팩트 폭격, 코멘트 버디들 | 피드백 맷집을 키우다 보면 | 반복과 겸손 | 프로페셔널과 자기반성

Chapter 8

나는 어떤 원칙을 지닌 리더인가?   147
경영자 사관학교의 훈련법

나는 어떤 리더 스타일인가? | 리더십 훈련법 | 자발적 기획자들 | 하버드 선배들의 특별 강의 | 성공과 실패의 이유 | 나의 하버드 리플렉션 | 경영자 리플렉션

Chapter 9

지식을 넘어 철학을 지닌 경영자가 되기 위해   167
감옥에 가지 않는 법을 배우는 학교

경영자의 인테그리티 | HBS 최악의 사건, 엔론 사태 | 감옥에 다녀온 올해의 CFO 조언 | 우리가 답해야 할 두 가지 | 나의 카드 내역을 공개할 수 있는가

Chapter 10

다름을 통해 배우는 것들   183
샐러드 볼 안에서 가능성 찾기

자신의 다름을 드러내는 친구들 | 거침없는 '마이 테이크' | 나에 대해 더 파고드는 시간 | 불편함으로부터 | 같지만 다르고, 다르지만 같은

Chapter 11

내 마음의 나침반은 무엇을 따라 움직이는가?   197
전략적 선택의 묘미, 서머 인턴십

내 마음대로 서머 인턴십 | 새로운 문을 열어보면 | 경험을 대하는 태도 | 가설 검증의 시간

Chapter 12

당신의 진짜 꿈은 무엇인가요?   209

야망을 숨기지 말 것

주눅 들지 않는 마음 | 메이크 디퍼런스 | 1조 원의 꿈을 현실로 바꾸는 것들 | 나를 향한 하버드 선배들의 조언 | 어린 시절 꿈을 이야기하다 보면

Chapter 13

마음을 움직이는 사람이 비즈니스를 움직인다   225

하버드의 마음 공부법

가장 행복했던 순간을 꼽으라면 | 프로페셔널한 다정함 | 만만한 리더와 따뜻한 리더 | 서로의 마음을 벤치마킹하다

Chapter 14

혼자가 아닌 우리를   237

하버드 이후 간직해야 할 가장 큰 가치

낙오자 없이, 패배자 없이 | 하버드 그 이후, 그 너머까지 | "운이 너무 좋았어" | 우리들 속에서

에필로그 **하버드 비즈니스 스쿨이 내게 남겨준 것들** 248

Chapter 1

✦

하버드 MBA
오리엔테이션 첫 시간

가장 먼저 부탁하는 법을 배우다

하버드 비즈니스 스쿨이 생각하는
리더십의 근간에는 늘 '투게더'가 있다.
더 멀리 가고 싶다면 다른 사람의
지지와 도움이 필요하다.

일 년 중 세계에서 가장 치열한 눈치 게임이 일어나는 장소가 어디일지 생각해본 적이 있는가? 세계 각국에서 서로 다른 경험을 쌓아온 영 프로페셔널Young Professional들이 보스턴에 위치한 하버드 비즈니스 스쿨의 신입생으로 처음 마주하는 곳이라면 유력한 후보지가 되지 않을까?

매해 8월 말 전 세계에서 선발된 HBS 신입생들은 보스턴의 캠퍼스에 모여 새로운 시작을 함께 한다. 이곳 오리엔테이션 현장은 서로를 조심스럽게 알아가는 자리인 만큼 잔잔한 흥분으로 가득 찬다. 신입생들은 이 시기에 살짝 얼어 있는 마음을 열고 학교가 요구하는 기본적인 소양을 익힐 수 있도록 일주일 동안 세심하게 배치된 다양한 프로그램에 참여하게 된다.

일주일 동안 HBS의 수업 방식을 이해하고자 모의 수업을 듣기도 하고, 학교의 지리를 익히는 목적으로 교정에서 보물 찾기를 하기도 한다. 유명 연사의 강연을 들으며 의욕을 불태우는 시간이 마련되어 있기도 하고, 저녁에는 그룹별로 모여 보스턴 일대를 관광하며, 세계 각국에서 모인 학생들이 새로운 도시와 환경에 점점 익숙해져가는 것이다.

성공적인 하버드 생활을 영위하기 위해 일종의 '훈련 exercise'을 경험하며 꼭 필요한 능력skillset을 익히는 시간이라고 볼 수 있다. 그렇다면 비즈니스 프로페셔널로 성장하기 위해 요구되는 수없이 많은 역량 중에 HBS 입학 첫날 배우는 것은 무엇일까? 그것은 예상외로 '잘 부탁하는 기술'이다.

회사에서 가장 어려웠던 일

나는 첫 커리어를 보스턴컨설팅그룹BCG에서 시작해 3년간 전략 컨설턴트로 일했다. 그 이후에는 직접 '제로 투 원zero to one'을 경험하고자 핀테크 스타트업으로 이직하여 운영과 전략을 총괄하며 3년간 실전 경험을 쌓았다. 이 과정에서 컨설팅펌과 스타트업에서 다양한 이해관계자의 니즈를 반영해 최적의 전략과 실행안을 도출하며 단련을 거듭했다.

이때 내가 가장 신경 썼던 것은 바로 커뮤니케이션이었다. 다양한 케이스를 경험하며 익숙해질 법도 한데, 커뮤니케이션은 늘 어려웠고, 그 정점은 누군가에게 부탁하는 일이었다. 너무 쉬운 일은 자존심이 상해서, 너무 어려운 일은 미안해서, 단순한 일은 말을 꺼내는 것이 불편해서, 복잡한 일은 설명하기가 난해해서, 가끔 하는 일은 민망해서 부탁하기를 꺼렸다.

돌이켜 보면 직장생활을 하면서 가장 괴로운 순간은 그다지 친분이 없는 혹은 썩 좋아하지 않는 동료에게 아쉬운 소리를 해야 할 때였다. 마음에 없는 미사여구를 덧붙이고 속내를 감춘 채 업무 요청을 하면서는 때때로 자괴감에 빠지기도 했다. 사실 가까운 사람들에게 소소한 부탁을 하는 것도 그 못지않게 어려운 일이었다. 혹시 매사에 득실을 계산하는 기회주의자로 낙인찍히지는 않을까 하는 노파심에 스트레스를 받기도 했다.

　마음의 거리나 상황과는 무관하게 '남에게 하는 부탁'은 늘 쉽지 않은 듯하다. 그런데 알고 보니 이러한 부담감은 만국 공통이었다. 특히 하버드에 오는 학생들은 스스로의 힘으로 많은 성취를 이룬 이들인 만큼 '부탁' 자체에 익숙하지 않은 경우가 대다수이다. 큰 실패 없이 인생의 궤적을 그려온 학생들도 많기에 자존심 때문에 약한 소리 하기를 부끄러워하는 경우도 흔하다. 하지만 시간이 지날수록 알게 되는 사실이 있다. 이곳에서는 부탁을 하지 않으면 결코 살아남을 수 없다는 것을 말이다.

스트레스가 극단에 달한 어느 날

　하버드에서의 생활은 녹록지 않다. 학업, 네트워킹, 리크루팅의 압박은 거세고 성적을 잘 받기 위한 치열한 경쟁이 때로는 학생들을 심리적 사지로 몰아가기도 한다. 나 또한 긴장의 시간을 수없이 견뎌야 했다.

HBS는 살인적인 학습량으로 유명하다. 당장 다음 날까지 읽어야 할 자료는 수십 장인데, 메일 수신함에는 답장을 기다리는 중요한 메일들이 쌓여가고, 그 와중에 당장 한 시간 뒤에는 만나본 적도 없는 선배와 모의 면접을 봐야 한다. 컨디션 난조로 목소리가 갈라지는 밤을 수없이 보내다 보면 마음이 내려앉는 순간이 찾아온다. 기업의 지원을 받고 입학하여 졸업 후 돌아갈 곳이 명확한 일부의 사람들은 MBA를 인생의 휴가나 리프레시 기간으로 삼기도 하지만, 대부분의 학생들은 치열한 HBS에서 살아남는 법을 체득하기 위해 벅찬 시간을 견뎌야만 한다.

흐린 눈구름이 몰려오는 11월의 어느 월요일은 그런 스트레스가 극단에 달한 하루였다. 학부 때부터 영 자신이 없던 파이낸스와 난해한 계산을 요구하는 생산관리에 마케팅까지 세 과목의 중간고사 공부를 해야 했고, 미국 빅테크 기업에서 여름 인턴을 꼭 해보고 싶었던 터라 인턴 리크루팅 과정도 준비해야 했다. 또 그때 마침 스냅챗Snapchat의 CEO인 에반 스피겔Evan Spiegel이 특강을 한다고 하니, 이 기회를 놓칠 수도 없었다. 게다가 내가 임원으로 있던 우먼 인 인베스팅 클럽Women in Investing Club에서는 연중 가장 큰 행사이자 투자 업계 여성 리더들이 다수 참여하는 콘퍼런스를 준비하고 있어 프로그램을 기획하는 회의가 연달아 계속되었다. 이미 몸과 마음에 과부하가 걸렸다는 사실을 잘 알고 있었지만 나는 그 어느 것 하나도 놓칠 수 없었다.

그런데 수능시험 이래로 가장 열심히 공부해서 중간고사를 치렀음에도 학생들의 평균점수는 95점이 넘었고 내 점수는 평균보다 조금씩 모자랐다. 그러자 지난날들에 대한 후회가 몰려왔다. 괜한 부끄러움에 혼자 끙끙대지 말고 친구들한테 모르는 부분은 적극적으로 물어봐서 공부할 시간을 효율적으로 관리할걸. CEO 특강은 무리해서 직접 가지 말고 참석하는 친구에게 녹음이나 메모를 부탁할걸. 인턴 지원서 검토는 주변 친구들에게 더 많이 첨삭해달라고 할걸. 이렇게 후회가 쌓인 만큼 제대로 부탁하지 못한 스스로에 대한 반성도 더해갔다.

부탁 없이 성장도 없는

그때 나는 확실히 깨달았다. 의지만으로 모든 것을 할 수 없다는 것을. 이럴 때에는 잘 모르는 것, 어려운 것, 공수가 많이 들어가는 것은 과감히 다른 사람의 힘을 빌려 해결하는 용기와 결단이 필요하다. 그래서 HBS는 학기가 시작하기 전 먼저 오리엔테이션에서 부탁하지 않고 살아남을 수 있는 사람은 없음을, 부탁은 결코 부끄러운 일이 아님, 부탁을 주고받는 과정에서 동반 성장이 가능함을 가장 먼저 학생들에게 가르치는 것이다.

부탁하는 일은 누구에게나 쉽지 않은 일이다. 입을 열어 말도 꺼내기 전에 필요할 때만 연락한다는 비난이 먼저 귓가에 아른거리고, 막상 부탁하기 위해 연락을 해놓고도 정확하게 원하는 바를 설명하는 것이 민망하기도 하다. 고민거리를 매번 모든 사람에게 광고할 수도 없는 노릇이니, 누구한테 먼저 연락을 해야 할지 망설이다가 시간만 허비하는 경우도 부지기수이다. 혼자는 무엇도 이뤄낼 수 없다는 것에 공감하고, 협력과 협동의 중요성을 귀에 못이 박히게 배웠음에도 정작 필요할 때 도움을 청하는 방법을 체계적으로 배운 경험은 없다.

HBS가 생각하는 리더십의 근간에는 늘 '투게더Together'가 있다. 더 멀리 가고 싶다면 동료가 필요하고, 그들의 지지와 성원이 필요하기 때문이다. 따라서 HBS에서는 리더를 동료와 조직의 신뢰를 얻은 사람이라고 정의한다. 독단적인 인재보다는 융화되는 인재를 중시하며, 개인의 한계를 기꺼이 인정하고 더불어 변화를 이끌어가도록 학교와 교수진이 독려한다. 진정한 변화를 만들고 가치를 창출하기 위해서는 함께 문제를 해결하는 자세가 필요하기 때문이다.

하버드가 강조하는 부탁의 3단계

오리엔테이션 기간 특별 세션에서 '잘 부탁하는 기술'을 연습하는 방식은 간단하다. 먼저 20명이 한 그룹으로 둘러앉아 친구에게 부탁하고 싶은 일을 공개적으로 말한다. 그러면 나머지 학생들은 그 요청에 기여할 수 있는 구체적인 방안을 망설임 없이 제안한다. 만약 그 20명 중 친구의 부탁을 들어줄 수 있는 사람이 없다면 40명, 60명, 100명으로 공유의 범위를 넓혀간다. 이 과정을 통해 처음에는 마냥 비현실적으로만 보였던 '그 부탁'을 이뤄낼 수 있는 구체적인 실마리를 함께 목격하게 된다.

'부탁하고 싶은 것을 공개적으로 말하고, 함께 그 해결 방법을 찾아간다.'

여기까지만 보면 특별한 게 없다는 생각이 들지도 모른다. 그러나 바로 이뿐만이었다면 하버드에서 첫 프로그램으로 지정하지 않았을 것이다. 이 연습 과정의 핵심은 3단계로 이루어진 부탁 방식이다.

첫 번째 단계는 부탁을 정리하는 것으로 시작한다. 먼저 원하는 바가 있다면 목표를 이루기 위해서 꼭 필요한 부분이 무엇일지를 고민하고, 이를 '부탁' 혹은 '요청'의 형식으로 재구성한다. 목표를 달성하기 위해 필요한 요소가 여러 가지라면, 그 안에서 스스로 할 수 있는 일과, 할 수 없는 일을 구분한다. 반드시 대가를 주고 취해야 하는 것과 선의로 얻을 수 있는 것도 나누어 본다. 원하는 바의 속성상, 어떤 프로필을 지닌 사람이 가장 효율적으로 처리할 수 있는지 후보군도 정리한다. 이 과정에서 막연한 기대나 바람이 부탁의 형태로 다듬어지게 된다.

두 번째 단계는 부탁을 구체화하는 것이다. 구체적이지 않은 요청은 마음이 있어도 응하기 어렵다. 부탁이 막연하고 추상적이면 도와주는 사람이 어떻게 도움을 주어야 할지 고민하는 부담을 떠안게 된다. 이 때문에 부탁을 정량화하고 태스크로 정리함으로써, 도움을 주는 사람의 의사결정을 도울 필요가 있다. 적절한 투자자를 찾고 있다면 잠재 투자자의 요건과 투자 금액을 상세하게 기술해야 하고, 사람을 소개받고 싶다면 그 사람의 이름이나 구체적인 프로필을 제시하는 식이다. 정보를 얻고 싶은 거라면 그 정보가 활용되는 맥락도 더불어 설명한다. 이와 더불어 부탁이 해결되어야 하는 마감 기한이 적시되어야 하고 그 기간은 3개월 이내여야 한다는 제한도 있다.

대부분의 사람들이 부탁을 어려워하는 이유는 바라는 것

이 거대해서가 아니라 바라는 것을 정확하게 정의하지 못하기 때문이다. 사실 대부분의 니즈는 애매하기 마련이다. 그렇기 때문에 원하는 바를 명료하게 말하기 위해서는 본인이 처해 있는 상황에 대한 분석과 판단이 전제되어야 한다. 막연한 소망을 '부탁'의 형태로 프레이밍하면서 본인에게 가장 필요한 게 무엇인지, 또 부탁이 얼마나 절실한지 등을 스스로 점검할 수 있게 된다.

부탁을 구체적으로 정의하지 않으면 받는 사람 입장에서는 중요성에 대해 제대로 인지하지 못하게 되는 경우가 빈번하다. 정신없이 돌아가는 바쁜 생활 가운데 뒤돌아서면 잊어버리는 일이 얼마나 많은가.

마지막 단계는 부탁을 두려워하지 않는 마음을 키우는 것이다. 무언가를 기대하고 바란다는 것은 본인의 사정을 스스럼없이 드러낸다는 것을 의미한다. 누군가 작은 부탁을 한다고 해서 고민의 크기가 작지 않음을, 부탁을 여러 번 한다고 해서 무능하지 않음을, 대가 없이 부탁에 응하는 것이 신뢰를 쌓는 초석이 된다는 것을 다짐처럼 기억하길 바란다.

어떤 부탁은 신뢰가 된다

오리엔테이션 세션이 시작되고 서로 커리어에 대한 부탁을 조심스럽게 나누던 도중, 침묵을 깨고 말레이시아 출신의 한 친구가 이러한 부탁을 했다.

"아버지가 심장 질환을 앓고 계셔. 그런데도 나를 보러 미국에 꼭 오고 싶어 하시는데 15시간의 긴 비행시간을 견딜 수 있으실지 걱정이야. 가능하면 꼭 올해 안에 오실 수 있었으면 좋겠어. 비행 편을 활용하는 것이 아버지의 건강에 얼마나 부담이 될지 의학적인 조언을 해줄 흉부외과 의사를 소개해줄 수 있을까?"

이 친구가 부탁을 어떻게 구체화했는지 보이는가? 우리는 보통 상대에게 부담이 될까 봐 '말레이시아에 계신 아버지가 몸이 불편하신데, 미국에 오실 수 있을까?'와 같은 식으로 부탁을 뭉뚱그리기 쉽다. 하지만 그런 식으로 말한다면 상대는 이 사람에게 필요한 것을 정확하게 파악하기가 어려울 것이다. 이럴 경우 '이야기하고 싶은 것이 무엇인지 좀 더 구체적으로 말해줄래?'라는 답이 돌아올지도 모른다. 반면에 말레이시아에서 온 친구는 집안의 우환을 숨기고 싶은 마음, 주변에 도움을 요청할 만한 의료진이 없다는 자신의 환경, 처음 만난 친구를 통해 새로운 사람을 소개받는 부담감을 이겨내고 정확히 자신이 원하는 바를 전달했다.

그 친구가 공개적으로 도움을 청하자, 그의 말이 끝나기 무섭게 그 자리에 있던 의대 출신 친구가 저명한 심장 전문 의료진과의 만남을 주선했다. 더 나아가 입학 전 미국 항공사에서 근무했던 친구는 이런 상황에서 항공사가 제공할 수 있는 서비스에는 구체적으로 무엇이 있는지 알아보겠다고 제안했다. 재벌 기업의 자제인 친구는 홍콩에서 뉴욕까지 오는 노선이라면 그중 일부는 전용기를 활용할 수도 있으니 자신이 도울 일이 있는지 알아보겠다며 조심스럽게 얘기를 꺼내기도 했다. 기대 이상의 응답에 표정이 한껏 밝아진 친구는 연신 고맙다고 말하며 벅찬 감정을 숨기지 않았다.

이러한 연습 과정에서 얻게 되는 것은 실질적인 도움뿐만이 아니다. 우리는 이를 통해 실질적인 도움보다 귀한 '커뮤니티에 대한 신뢰'를 쌓게 된다. 서로 알게 된 지 얼마 안 된 사람이 생소한 부탁을 하고, 놀랍게도 누군가 그에 응하는 모습을 보면서 커뮤니티와 네트워크의 힘을 체감할 수 있다. 나에게는 익숙하다 못해 당연한 지식이 누군가에게는 절실한 정보일 수 있고, 나의 지인이 누군가에게는 꼭 만나보고 싶은 사람일 수도 있다는 사실을 확인하게 되기 때문이다.

뛰어난 사람일수록 자신이 가진 것을 모두 드러내지 않는다. 하지만 적극적으로 진정성 있는 부탁을 한다면 기꺼운 마음으로 부탁에 응하는 선의를 내보이기도 한다. 이 상호작용을 목격하는 경험은 내가 부탁의 필요를 절감하는 계기가 되어주었다.

일잘러들이 부탁을 대하는 자세

나는 부탁이 개인의 능력 이상의 것을 가능하게 하는 일임을 직접적으로 또 간접적으로 자주 경험했다. 특히 내가 만난 현명한 리더들과 사람들은 자신에게 진심 어린 부탁을 하면 결코 외면하지 않았다.

예를 들어 창업을 준비하던 친구는 교수님께 거듭 투자자를 소개해달라는 부탁을 드렸고 그 정성과 열정이 앤젤 투자를 유치하게끔 했다. 부동산 관련 스타트업을 준비하던 클래스메이트는 아이디어는 훌륭했지만, 초기 팀을 구성하고 MVP(Minimum Viable Product, 초기 프로덕트)를 만들 자금은 없는 상황이었다. 그러자 그는 먼저 초기 단계의 스타트업 자문 경험이 많은 교수님께 구성한 아이디어를 가지고 찾아가 상의하면서 자연스럽게 아이디어를 구체화해 나갔다. 더불어 본격적인 사업화를 위해 벤처캐피털VC을 운영하고 있는 교수님에게는 자신의 아이디어의 결과 맞닿아 있는 투자자를 소개해줄 수 있는지 부탁드렸고, 결과적으로 수억 원의 초기 자금을 불과 몇 달 만에 확보하며 성공적으로 스타트라인에 서게 되었다.

또 다른 친구는 같은 반 친구의 아버지를 통해 꼭 만나보고 싶던 글로벌 유통 기업의 대표와 티타임을 나눌 기회를 얻었고, 이는 이후 패션 커머스 스타트업으로 커리어를 정하는 계기가 되었다.

부탁의 내용은 구체적일수록 필요한 것을 얻을 확률이 높아지고 해결책의 범위 또한 넓어진다. 무엇보다 부탁을 통해 신뢰할 수 있는 공동체를 만들어 나간다는 것만큼 매력적인 결과가 또 있을까? 그리고 어쩌면 부탁을 하기도 하고, 부탁에 응하기도 하면서 넓어진 가능성이 나의 확장된 플레이 그라운드가 될지도 모를 일이다.

내가 사회에서 만난 유능한 사람들도 지위고하를 막론하고 부탁에 열려 있는 사람들이었다. 사회생활을 시작한 지 얼마 안 된 친구들의 경우 부탁을 잘할수록 더 빠르게 성장하는 것을 지켜봐 왔다. 거절을 두려워하지 않고, 원하는 바를 솔직하게 이야기하는 후배들을 보면 도저히 외면할 수 없기 때문에, 선배들은 손을 내밀기 마련이다. 반대로 오랜 내공을 지닌 머리 희끗한 선배들 중 새로운 트렌드를 놓치지 않는 분일수록 도리어 크고 작은 부탁을 청하며, 패기 넘치는 후배들의 역량을 한껏 활용하는 모습도 볼 수 있다.

현업으로 돌아온 후

MBA 과정을 마치고 다시 현업으로 돌아온 나에게도 여전히 부탁은 일상이다. 평소에는 연락이 뜸하다가 필요할 때만 연락하는 것 같아 민망함이 슬며시 밀려올 때도 있지만, 정중하고 따뜻한 인사를 전하면 대부분의 지인들은 부탁을 마다하지 않는다. 업계 트렌드를 물어보거나 언론사 보도 내용을 팩트 체크 하는 것은 일상이고, 새로 채용할 사람의 평판 조회나 경쟁사의 최근 동향 같은 민감한 정보의 공유까지도 부탁한다.

부탁을 많이 하는 만큼, 부탁을 받는 입장이 되는 경우도 많다. 간단한 투자 계약서 검토를 돕거나 회사소개서에 대한 피드백을 하는 일은 일상다반사고, 와인과 함께 즐길 수 있는 한국의 맛집을 추천해 달라는 프랑스 친구의 부탁부터 창업한 회사의 아시아 진출을 위해 일본의 벤처캐피털을 소개해 달라는 부탁까지 나의 네트워크를 활발히 공유하고 있다.

축하를 주고받고 선물을 나누듯, 이렇게 부담 없이 부탁의 연결고리를 넓히다 보면 자연스럽게 더 멀리 보고, 더 깊이 통찰하고, 빠르게 해결해나갈 수 있을 것이다.

자, 오늘은 한번 부탁을 해보자. 마음속에 숨겨두었던 부탁 하나를 꺼내서 도움을 줄 만한 사람에게 과감하게 던져보는 것이다. 아주 사소해도 좋다. 대부분 당신이 기대하는 것 이상의 답변이 돌아올 것이다.

Chapter 2

✦

당신은 솔직히
제대로 듣고 있습니까?

하버드 강의실에는 노트북이 없다

리더란 한자리에서
충분한 정보를 제대로 듣고
핵심 내용을 도출해서
의사결정까지 할 수 있는 사람이다.

하버드 비즈니스 스쿨에 입학을 하고서야 알았다. 강의실 내에서는 그 어떤 전자기기도 사용할 수 없다는 것을. 온갖 성가신 알람으로 집중력을 흩트리는 스마트폰을 반입 금지한다는 건 어느 정도 이해할 수 있다. 그런데 수업 내용을 기록하기 위한 노트북이나 태블릿, 심지어 전자사전조차 들고 들어갈 수 없다는 것은 그야말로 충격적이었다. 어떤 곳에서는 학생들이 방대한 수업 내용을 놓치지 않게 하기 위해 수업 중 노트북과 같은 기기의 활용을 적극적으로 장려한다고 하던데…. 초등학생도 온라인으로 공부를 하는 21세기에 경영대학원 강의실에서 그 어떤 전자기기도 활용할 수 없다는 사실은 시대를 거슬러 가는 기분이었다. 유튜브로 대학에 다니는 사람들도 있는 지금 시대에 말이다.

하버드 비즈니스 스쿨의 이러한 '노 디바이스 폴리스No-Device policy' 때문에 수업이 시작되면 학생들은 펜과 노트를 꺼내고 인쇄한 자료를 펼친다. 노트북을 사용할 수 없기에 엑셀로 분석한 자료도 인쇄하여 가져오는 것이 기본이다. 상상이 되는가? 세계의 내로라하는 인재들이 모인 하버드 강의실에서 단 하나의 전자기기도 찾아볼 수 없다는 사실이 말이다.

그런데 이렇게 아날로그 환경 속에서 지내다 보니 이러한 극단적인 방침이 학교의 수업 방식과 깊은 상관관계가 있다는 사실과 함께 몇몇 깨달음이 다가왔다.

하버드의 유일한 교과서

하버드 비즈니스 스쿨의 수업 방식은 아주 독특하다. 강의가 없는 강의실, 교과서가 없는 교실, 교수가 없는 강단이라는 표현이 있을 정도니까. 수업마다 학생들은 30페이지에 달하는 '케이스case'를 읽고 토론을 준비해온다. 케이스는 문제 상황에 봉착한 한 기업, 국가, 혹은 개인이 이를 해결해가는 과정을 다루고 있다. 강의 시간에는 해당 케이스와 관련해 교수가 던진 질문, 혹은 논점에 대해 학생들이 자유롭게 발언한다. 새로운 개념이나 이론도 이러한 토론 과정에서 자연스럽게 익힐 수 있게 하는 것이 소위 말하는 하버드식 케이스 교수법이다.

이를테면, 경영 전략 시간에는 아마존Amazon과 월마트Wal-mart의 디지털 시장에서의 대응 방안에 대한 케이스를 공부하고, 이 두 회사의 의사결정이 시장에 어떤 영향을 미쳤으며 앞으로의 향방은 어떻게 될지에 대해 80분간 토론하면서 자연스럽게 '경쟁 우위 개념'에 대해 배우게 되는 것이다. 아마존에서 일했던 친구와 월마트에 투자한 헤지펀드에서 근무했던 친구가 난상 토론을 벌이기도 하고, 인도나 유럽의 친구들이 자국 내 비슷한 경쟁 구도에 대해 설명하기도 한다. 발언이 오가다 보면 집안 대대로 부동산 개발업을 하는 친구와 AI 알고리즘 개발자인 친구가 바라보는 '유통'의 개념이 전혀 다르다는 것을 새삼 깨닫게 되기도 한다.

거시 경제에 관련된 강의에서도 예외가 아니다. 싱가포르가 도시국가로 경제적 발전을 이룬 케이스에 대해 논의하면서 국가 발전 정책이 구상되는 프로세스에 대한 이해도를 높일 수 있다. 이 토론 과정에서 국가 경제 발전을 판단하는 지표와 글로벌 경기 트렌드에 대해서 자연스럽게 배운다. 개념에 대한 이해에만 그치지 않고 싱가포르 출신인 친구가 자신이 보고 듣고 경험한 바를 보태어 한 국가의 발전상을 보다 감정적으로 이해할 수 있게 되기도 한다. 또한 미국 정부나 세계은행에서 일하다 온 친구는 싱가포르가 정의하는 '경제발전'과 다른 나라 정부나 국제기구가 정의하는 '경제발전'의 차이를 짚어주며, 토론의 깊이를 더한다.

파이낸스 수업에서는 워런 버핏이 실제로 투자했던 의사결정의 프로세스를 상세히 소개하는 케이스를 다루기도 하고, 심화 과정에서는 론스타가 외환은행을 인수했던 케이스를 다루기도 한다. 엔터테인먼트와 미디어 수업에서는 비욘세가 어떻게 수익 구조를 다각화하며 효율적으로 자신의 브랜드를 운영하는지를 설명한 케이스를 다루기도 한다. 즉, 경영학적으로 유의미한 사건을 '케이스'라고 하는 요약된 형태로 가공하여, 교과서로 쓰는 셈이다.

이렇게 케이스를 바탕으로 수업을 진행하면 학생들 입장

에서는 실제로 발생했던 중요한 사건에 대해서 응축된 내용을 빠르게 이해할 수 있으며, 다양한 실제 사례를 간접적으로 경험하게 된다. 그 사건의 주인공이 된 것처럼 감정이입을 하면서 문제를 파악하고, 대안을 고민하고, 해결책을 모색하는 것이다.

교과서에 적혀 있는 개념은 현실에 접목되지 않으면 무의미하고, 자료를 통해 의견을 도출해내지 않으면 배움의 의미가 없으며, 그 의견을 설득력 있게 전달하지 못하면 이 또한 무용하다는 교육 철학이 수업 방식에 담겨 있는 셈이다. 성적의 50퍼센트 이상이 이 토론에 어떻게 참여하는지에 따라 좌우되는 만큼 잘 듣고 잘 말하는 것이 하버드 교실에서는 가장 중요하다.

집단지성의 힘

하버드가 케이스라고 하는 살아 있는 실전 교과서를 매개로 철저히 학생들의 의견 개진과 질문으로만 수업이 진행되는 데에는 그만한 이유가 있다. 그만큼 이곳에 모인 학생들을 향한 신뢰가 있기 때문이다. 한 강의실에 앉아 있는 90여 명의 학생들이 갖는 집단지성이 한 전문가의 의견보다 더 강력하다고 여기는 것이다.

경영의 실전은 교실과 다르다. 이렇게 하라고 가르쳐주는 선생님도 없고, 정답과 오답도 뚜렷하지 않다. 결국 많은 사람들의 의견을 듣고, 필요한 정보와 인사이트를 취합하여, 스스로 의사결정을 해야 한다. 따라서 하버드의 수업 방식은 각자 정답을 찾아가는 치열한 비즈니스 커뮤니케이션 과정을 강의실에서 리허설할 수 있도록 수업의 주도권을 완전히 학생에게 돌리는 것이다.

강의실에서 교수는 토론과 논쟁을 조율하는 역할을 하면서 학생들이 인사이트를 도출할 수 있도록 유도하는 가이드 역할을 제한적으로 담당하게 된다. 때로는 오케스트라 지휘자처럼 토론의 템포를 빠르게 끌어올리기도 하고 멈추기도 하고, 대선 토론의 사회자처럼 중요한 시사점이 등장하면 그 키워드에 대해 간략하게 학술적 설명을 보태기도 한다. 과도하게 지엽적인 주제에 집중할 경우에는 잠시 토론을 중단하기도 하고, 찬반 논쟁이 과열될 때는 주의를 환기시키는 것도 교수의 역할이다.

이러한 텐션 가득한 토론과 토의가 마무리되고 수업이 모두 끝날 즈음 칠판에는 학생들이 이야기한 포인트가 교수의 프레임워크framework 하에 정리된다.

경청의 진화

하버드 비즈니스 스쿨에서는 수업이 철저하게 '듣고' 또 '말하는' 방식으로 진행되다 보니, 경청의 중요성은 말로 다 할 수 없이 크다. 제대로 듣지 않으면 배울 수 있는 게 없고, 적극적으로 듣지 않으면 맥락에 맞는 발언을 할 수 없다. IT 인프라에 어마어마한 투자를 하는 학교가 굳이 '노 디바이스 폴리스'라는 극단적인 방식을 쓰면서까지 교실 내에서 전자기기 사용을 금지하는 것은 그만큼 경청할 수 있는 환경을 조성하기 위한 처절한 노력이다. 학생들이 같은 교실에 앉아 있는 친구들의 말을 제대로 듣지 않는 순간, 배움의 기회는 상실되기 때문이다.

경청은 학업의 수단일 뿐만 아니라 중요한 비즈니스 스킬이다. 우리는 경청을 통해 몰입, 정리, 그리고 유추의 역량을 압도적으로 성장시킬 수 있기 때문이다.

1단계: 몰입

HBS 방식의 경청을 통해 배우는 첫 번째 역량은 '몰입', 그 자체이다. 몰입의 첫 단계는 일단 상황에 온전히 빠져드는 것이고, 이 과정은 눈과 귀를 열고, 손에는 펜을 드는 것에서 시작된다. 처음에는 노 디바이스 폴리스에 반기를 들며 그 효과에 의문을 가졌던 나도 한 학기를 보내고 나니 그 위력을 실감할 수 있었다.

먼저 수업 중에 전자기기를 사용하지 않으니 이전보다 훨씬 제대로 듣고 제대로 이해할 수 있었다. 사람의 귀는 참 간사해서 단번에 꽂히는 이야기가 아니면 금세 집중력을 잃곤 한다. 잘 아는 이야기는 흥미가 떨어져서, 모르는 이야기는 낯설어서, 빠르게 말하면 벅차서, 천천히 말하면 답답해서 등 평계도 가지각색이다. 이렇다 보니 우리는 하루에도 수십 가지의 새로운 이야기를 접하지만 정작 제대로 듣고 기억하는 것은 생각보다 적다.

그런데 하버드의 강의실에서는 시선과 관심을 분산할 매개가 없으니 친구들의 이야기에 더욱 집중할 수 있다. 지금 논의하는 이야기에 집중력을 온전히 쏟으며 스스로 익숙한 분야라고 생각해 한 귀로 듣고 한 귀로 흘렸던 영역에서 새로운 발견을 하기도 했다. 친구들의 이야기에 더욱 귀를 기울이면서 편견이나 무지로 놓치고 있던 새로운 시각도 받아들이게 되었다.

나도 한국에서 미국식 영어 교육을 받은 사람인지라 낯선 발음이나 억양이 들리면 해석이 어려워 대강 흘려듣기도 하고, 관심 없는 주제가 화두에 오르면 노트에 낙서하고 싶은 욕구가 스멀스멀 올라오기도 했다. 잘 안다고 생각하는 주제가 나오면 자동으로 귀가 닫히는 일도 다반사였다. 하지만 철저한 '노 디바이스' 정책의 환경 속에서 반강제적으로 경청을 통해 얻은 깨달음은 과거에 대충 흘려듣던 나를 철저히 반성하게 했다.

평소에 소비자로서 잘 안다고 생각했던 무인양품MUJI이 마케팅 케이스로 나왔을 때는 '한국에서도 자주 가던 곳인데 굳이 이에 대한 글들을 읽어야 하나' 싶었지만, 유럽인의 관점에서 본 무인양품의 브랜딩과 공간 설계에 대한 의견을 들어보니 나에게 친숙하다는 이유로 내가 얼마나 과소평가했는지 깨달았다.

엔터테인먼트 산업을 다루는 클래스에서는 BTS의 성공 사례를 다룬 적이 있다. 이미 내 주변도 수많은 BTS 팬들, 아미Army가 있는데 내가 굳이 이 수업에서 얻어갈 것이 있을까 싶었다. 하지만 미국과 한국의 음원 유통 시스템의 차이, 스타의 발굴과 육성 과정의 특징을 각 국가의 친구들의 시각을 통해 들으니 특수한 국내 환경에 대한 이해가 깊어지는 것은 물론 엔터테인먼트 산업 전반에 대한 조망이 가능해지기도 했다. 안다고 생각해도 다 아는 것이 아니다. 섣불리 귀를 닫았다가는 새로운 이해의 과정을 놓칠 수밖에 없다는 사실을 학교를 다니는 동안 내내 실감할 수 있었다.

단순히 발언 내용에 몰입하는 것을 넘어서 그 상황 자체에 스스로를 던지고 나니 큰 그림이 보이기 시작했다. 교실의 분위기를 온몸으로 체감하며 전체적인 분위기를 읽게 되는 것이다. 만약 교실 내 전자기기 반입이 허용되었다면 학생들은 귀로는 이야기를 듣지만 '메모를 한다'는 핑계로 눈은 계속 모니터를 향했을 것이다. 하지만 디스플레이를 치우면 강의실 전체를 볼 수 있는 넓은 시야를 갖게 된다.

친구들의 제스처를 유심히 지켜보다 보면 말로는 전해지지 않는 여러 힌트를 얻을 수 있다. 말하는 도중 고개를 갸우뚱하거나 필기를 멈추고 팔짱을 끼는 제스처를 통해 발언의 모순점을 찾아내기도 한다. 유난히 표정에 감정이 잘 드러나는 친구를 두고는 그의 얼굴만 보면 헛소리를 하고 있는 건지 좋은 코멘트를 하고 있는 건지 알 수 있다는 농담을 하기도 한다. 지속적으로 친구들의 이야기를 듣다 보면 어떤 이슈에서 각각 찬성과 반대를 던지는지 개인의 성향을 파악할 수도 있다.

이렇게 HBS 강의실에서는 경청을 기반으로 서로를 이해하고 상황을 면밀히 파악하며 중요한 메시지를 도출해가는 것이다.

2단계: 실시간 정리에서 의사결정까지

우리는 흔히 수업 내용이나 회의 내용을 정리할 때 '다음'에 다시 한 번 살펴보겠다는 마음으로 받아쓰기를 하듯 들리는 대로 적는 경우가 많다. 하지만 그 '다음'은 결코 돌아오지 않고, 당장 논의된 내용이 다시 화두에 오른다는 보장도 없다. 하버드 비즈니스 스쿨이 정의하는 리더는 한자리에서 충분한 정보를 취득하고 핵심 내용을 도출해서 의사결정까지할 수 있는 사람이다. 당장 토론하고 결론을 낼 수 있는 주제를 다음으로 미루는 것은 모두의 귀중한 시간을 낭비하는 일이기 때문이다.

이처럼 한자리에서 의사결정까지 내릴 수 있으려면 몰입을 지나 체계적인 정리 단계로 나아가야 한다. 따라서 HBS 학생들은 토론의 내용을 바로바로 정리하는 훈련을 한다. 전반적인 발언을 아우르는 키워드, 강조하고자 하는 핵심 주장, 이를 뒷받침하는 주요 논거, 청중의 주목을 끌기 위해 활용하는 비유를 구분하며 자신의 주장과 비교해보는 것이다. 이 과정에서 자연스럽게 떠오르는 생각을 마인드맵처럼 펼친다.

키워드를 정리하며 반론이나 보완점을 생각하고, 적절한 시점에 발언의 기회를 잡는다. 상대의 이야기를 구성하는 요소를 체계적으로 분류하고, 이야기하는 내용과 내가 가진 정보와 비교하며, 반박이나 보완의 타이밍을 가늠하는 멀티 태스킹multi tasking을 해내야 하는 것이다.

HBS 학생이라고 해서 모두 달변가는 아니다. 때로는 낯선 악센트로 발음하는 친구의 이야기에 스스로의 영어 듣기 실력을 의심하기도 하고, 나와는 너무 다른 가치관을 지닌 친구의 말을 받아 적으면서 가슴이 답답해지는 경험을 하기도 한다. 하지만 이러한 소소한 어려움을 이겨내고 핵심 키워드를 도출하면서 어떤 어려운 내용도 체계화하는 훈련이 자연스럽게 이루어진다.

수업을 마치고 나면 한마디도 말하지 않았더라도 진이 빠지고 목이 말라오는데 이 치열한 동시 작업에 그만큼 많은 에너지를 소모하기 때문이다. 경청 끝에 오는 이 피로감은 최선을 다해 듣고, 정리하는 것이 얼마나 강력한 툴키트toolkit인지 실감하게 한다.

3단계: 경청을 넘어 유추로

경청을 통해 얻을 수 있는 가장 궁극적이며 고도의 기술은 유추의 역량이다. 실시간 검색이 보편화된 지금의 시대에도 여전히 큰 맥락을 이해하고, 새로운 개념을 효과적으로 도출하며 검증하는 역량은 필수이다. 이야기를 집중해서 듣고 정리하다 보면 디테일한 부분을 잘 모르더라도 검색에 의존하지 않고 핵심적인 메시지를 파악할 수 있게 된다. 낯선 단어나 개념을 맞닥뜨려도 당황하지 않으며 오히려 새로운 정보를 논리적으로 추론할 수 있게 되는 것이다.

지구의 정반대에서 온 친구의 이야기를 듣다 보면 비유가 이해되지 않거나, 특정 용어를 받아 적을 수 없는 순간도 많다. 하지만 HBS 수업을 통해 정확히 몰라도 대강 이해하고, 그렇게 이해한 부분을 즉각 검증할 수 있으며, 화자가 생략한 부분을 스스로 채워나가는 스킬을 익히게 되었다. 덕분에 잘 모르는 주제에 대해 말해야 하는 상황에서도 큰 맥락에 어긋나지 않으며 대화에 참여할 수 있게 되었고, 생소한 주장을 접할 때에는 가설에 기반하여 주장의 당위성을 판단할 수 있게 되었다.

코로나 19 이후로 HBS에서도 비대면 강의를 본격 도입하며 경청의 힘을 기르는 '노 디바이스 폴리스'의 역사도 일시 중지되었다. 하지만 놀랍게도 내 주변의 많은 학생들은 웹서핑의 유혹을 이겨내고 온라인에 최적화된 경청의 기술을 각자만의 방식으로 실천한다. 컴퓨터를 TV에 연결해 큰 화면으로 강의를 보면서 집중력을 극대화하기도 하고, 키보드를 비활성화시켜 웹서핑의 유혹을 원천 차단하기도 한다. 나름의 노트 정리 방식을 만들어, 친구들의 발언 내용을 요약하면서 핵심 내용을 놓치지 않기 위해서 노력하기도 한다. 교수진도 두 개 이상의 태블릿과 화이트보드 등을 적극 활용한 입체적인 강의 구성을 통해 수업의 몰입도를 높여갔다.

신뢰한다면 들어라

이러한 전방위적인 노력은 적극적인 경청이 주는 배움의 깊이에 대해 하버드 학생들과 교수진이 누구보다 깊이 공감하고 있기 때문일 것이다. 사실 세상은 유익한 정보와 의미 있는 의견으로 가득하다. 어쩌면 우리는 피곤하다는 이유로, 분주한 마음을 핑계로 잘 듣지 않고 있을는지도 모른다.

"There's no admission mistake, So listen to others."

하버드 비즈니스 스쿨에서는 이 말을 심심치 않게 들을 수 있다. 번역해보자면, HBS는 학생을 선발하는 데 있어 절대 실수를 하지 않으니 (옆에 앉아 있는 친구들은 모두 우수한 학생들이니) 학교를 믿고 옆에 있는 친구들의 말에 더 귀를 기울이라는 것이다. 그러니 먼저 자신이 속해 있는 조직의 사람 보는 눈을 신뢰하자. 그리고 옆에 있는 사람의 이야기에 조금 더 귀를 기울여 들어보는 것이다. 지루한 회의더라도 구성원들의 이야기를 요약하며, '만약 내가 부서장의 위치라면 여기서 어떠한 피드백을 해주었을까?'를 고민하는 것도 방법이다.

여러 명이 이야기를 주고받는 자리에서는 표정만으로 누가 반대하고 찬성하는지 추론해보는 것도 의미 있는 접근 방법이다. 잘 모르는 맥락의 이야기가 오갈 때에는 나름대로 유추와 추론의 기술을 통해서 이해되지 않는 부분을 추정해보고, 추후에 리서치를 통해 얼마나 정합성 높은 판단을 했는지 스스로를 평가해보는 것도 경청의 기술을 끌어올리는 좋은 방법이다.

세상에 들을 가치가 없는 이야기는 없다. 언뜻 무의미해 보이는 논의로 가득 찬 곳에서도 배울 수 있음을 깨달을 때 더 풍요로운 지식을 향유할 수 있을 것이다.

가끔 회의실에 앉아 있으면 모든 사람들이 모니터 속으로 깊이 빨려 들어가고 있다는 느낌을 받을 때가 있다. 본인은 귀를 열고 있다고 생각하지만, 직접적인 해당 사항이 없는 일에 대해서는 흘려듣고 있는 듯한 모습도 눈에 띈다. 메모를 남기거나 관련된 자료를 찾아본다는 명분도 이해는 되지만, 구두로 많은 정보가 순식간에 오가는 회의에서는 태블릿과 컴퓨터가 도피처로 느껴지는 것도 사실이다.

나는 여전히 중요한 미팅에는 노트북 없이 들어간다. 듣는 데 충분히 집중하지 못한 채 쓰고 읽다 보면 가장 중요한 흐름을 놓쳐버리기 때문이다. 만약 듣는 것만으로 충분하지 않은 회의가 있다면, 혹시 불필요한 회의는 아닌지, 회의 참석자가 과도하게 많은 것은 아닌지, 굳이 대면으로 회의를 진행할 필요가 있는지 자체 점검해볼 필요가 있다.

Chapter 3

중요한 것을 위한
과감한 희생

하버드의 버킷리스트, 투두리스트

하버드 비즈니스 스쿨의 첫 학기는
'모든 것을 할 수는 없다'는 사실을
깨닫는 시간이었다.

MBA에 입학을 앞둔 모든 예비 입학 생들이 그러하듯 나 역시 큰 꿈에 부풀어 있었다. 하고 싶은 일들로 마음이 한껏 벅차올랐던 것이다. 한편으로는 큰 돈을 들여 유학을 온 만큼, 제대로 본전을 뽑아야 한다는 의욕도 넘쳤다.

나는 먼저 많은 친구를 사귀고 싶었다. 세계 각국에서 역량을 인정받아온 친구들과 네트워크를 쌓을 수 있는 장이 눈앞에 펼쳐졌으니 그 기회를 잘 활용하고 싶었다. 학업도 놓칠 수 없는 부분 중 하나였다. 세계적인 석학들의 강의를 들으면서 친구들과 함께 토론하며 성장하고 싶었다. HBS 재학기간 동안 비즈니스를 구상하기 시작한 쿠팡의 김범석 대표나 그랩의 앤서니 탄Anthony Tan 대표를 보며, 창업의 꿈이 차오르기도 했다. 하버드 커뮤니티의 이점을 십분 활용하여 하버드 로스쿨이나 하버드 케네디 스쿨과의 인연도 만들어, 보다 폭넓은 배움을 얻어가야겠다는 다짐을 하기도 했다.

직장인의 의무와 책임에서 벗어나서 즐기는 것도 포기할 수 없는 법. 미국에서 살게 되었으니 가까운 중남미 여행만큼은 버킷리스트에서 반드시 지우겠다는 생각도 했고, 야구 마니아답게 미국 전역의 메이저리그 구장을 찾아가 보겠다는 다소 공격적인 목표도 세웠다. 또 나보다 먼저 MBA를 마치고 미국에서 커리어를 쌓고 있는 친구들을 만나기 위해 북미 방방곡곡을 떠돌 계획을 면밀히 짜기도 했다.

이러한 넘치는 의욕은 나에게만 있는 것은 아니었다. 일명 '스타트 위크Start week'로 불리는 오리엔테이션 기간부터 학생들의 넘치는 에너지가 캠퍼스를 가득 채웠다. 대부분의 학생들이 하루에 7개의 이벤트를 소화하고, 30분 단위로 스케줄을 관리하며, 밤늦은 시간까지 여러 파티에 동시에 참여하면서, 하루를 120퍼센트로 채웠다. 나의 의욕과 계획이 민망할 정도로, 이미 하고 싶은 일들을 잔뜩 쌓아둔 친구들도 보였다.

퍼스트 이얼 플루에 걸릴 때쯤

하지만 입학을 하고 나서 얼마 지나지 않아 깨달았다. 모든 것을 한꺼번에 할 수 없다는 사실을. 어쩌면 매우 다행스럽게도 나뿐만 아니라 모든 학생들에게 '모든 것을 할 수 없다'는 제약은 제법 동등하게 작용했다.

HBS의 성적 시스템은 참 묘한 구석이 있다. 대부분의 클래스가 중간고사와 기말고사, 그리고 참여 점수로 이루어져 있고, 여기에 한국의 대학처럼 종종 조별 프로젝트가 추가되는 경우도 있다. 한국에서 참여 점수라고 하면 출결 점수를 가늠하는 것 같지만, HBS에서의 참여 점수는 이보다 좀 더 디테일하다.

교실에는 학생들이 발언하는 모든 내용을 기록하는 스크리브Scribe가 있다. 교수가 수업시간 중에 학생들이 발언하는 내용과 횟수를 모두 기억할 수 없기 때문에, 일종의 서기 역할을 해주는 전문 인력이 모든 수업에 배치되는 것이다. 교수는 수업마다 어떤 학생이 어떤 발언을 했는지 정확히 파악하고, 발언의 횟수와 그 내용을 평가한다. 즉, 말을 많이 하거나 자주 한다고 해서 높은 평가를 받는 것이 아니라 양과 질을 동시에 갖춘 발표를 해야 하는 것이다. 그리고 이를 위해서는 각 강의 시간마다 수십 장에 달하는 수업 자료와 참고 자료들을 꼼꼼히 읽으며 준비해야 한다.

또 어찌나 유명인사들이 학교에 자주 찾아오는지, 강연회와 토론회를 놓치지 않으려면 테트리스를 맞추듯 일정을 끼워 맞춰야 했다. 저녁에는 HBS 학생들을 리크루팅하기 위해 세계 유수의 기업들이 디너를 개최해서, 일분일초를 쪼개 이벤트에 참석하느라 정신없는 날도 많았다. 개성 넘치는 파티를 놓치는 것도 아쉬워서 어디를 갈지 매번 망설였다. 또 주말에는 유명 관광지 출신 학생들이 주도적으로 기획한 여행에 참여하느라 쉴 틈이 없었다.

한두 달쯤 스케줄을 내달린 학생들이 모두 지칠 즈음, 깨달음의 순간과 마주했다. 정말 중요한 것을 선별해내야 HBS의 전쟁터 같은 치열한 삶을 견뎌낼 수 있다는 사실을. 퍼스트 이얼 플루1st Year Flu라고 불리는 감기가 유행하는 것도 딱 이즈음이다. 1학년 학생들이 학기가 시작된 후 몇 주가 지난 후에, 늦가을의 찬바람과 육체적, 정신적 피로가 만나 감기를 크게 않는다는 건인데, 지금껏 자신에게 주어진 모든 것을 최대한 잘해내는 것을 삶의 목표로 살아온 HBS 학생들에게는 꽤 괴로운 성찰의 시간이 아닐 수 없다.

이렇게 HBS의 첫 학기는 '모든 것을 할 수 없다는 것을 깨닫는 시간'이다. 학교 내에는 커리어, 네트워킹, 건강, 학업 중 하나를 지키면 평타, 둘을 얻어 가면 대박, 셋을 정복하면 슈퍼맨, 넷은 신이 와도 다 이룰 수 없다는 우스갯소리가 있을 정도이다.

과감한 포기

HBS는 배움을 위한 무한한 기회를 제공하지만, 무엇을 해야 하는지를 가르쳐주지는 않는다. 물론 무엇이 더 중요한지도 알려주지 않는다. 에너지를 어디에 집중할지 결정하는 것은 오롯이 학생의 몫. 그리고 각자의 선택에 따라 같은 공간에서 전혀 다른 경험을 하게 된다.

그렇기 때문에 MBA에서 배우는 것은 가장 중요한 일을 골라내는 방법이다. 누가 가르쳐주거나 강요하지 않아도, 가장 먼저 생존을 위한 스킬로 익히게 되는 것이다. 여기서의 선택은 곧 '과감한 포기'를 의미한다. 그리고 괴로운 포기의 과정, 다시 말해 우선순위를 구조화하는 고통스러운 과정을 통해, 커리어와 삶에서 중요시하는 가치에 대해 깊은 성찰을 하게 된다. 그리고 이 성찰 끝에 얻은 결론은 학생 개개인의 가치관과 세계관을 여실히 드러낸다.

같은 날, 같은 시간에 여러 개의 특강이 열리는데 CEO로 HP를 오랜 기간 이끌어온 메그 휘트먼의 강연을 들을 것인지, 세계 최대 사모펀드 운영사 블랙스톤의 대표 스티브 슈워츠먼과의 대담에 참여할 것인지, 아마존에서 대관한 펍에서 맥주를 마시며 현직자들과 네트워킹을 할 것인지, 마이클 포터 교수 등 세계적인 석학과 수업 주제에 대해 더 깊은 일대일 토론을 할 것인지 선택해야 한다. 좋은 것들 중 가장 좋은 것을 골라내지 않으면 그 무엇도 누릴 수 없게 되는 것이다. 강의가 끝난 후 오후 시간을 가득 채울 매력적인 선택지는 너무나 많고, 매일매일 어떤 선택을 하느냐에 따라 HBS에서의 2년이 다른 색으로 칠해지게 된다.

이렇게 우선순위를 정하는 과정에서, 주변 친구들은 나름의 목표와 기준을 정하게 된다. 컨설턴트로 일했던 브라질 출신 친구는 900명이 넘는 모든 동기들과 제대로 대화해보는 것을 목표로 삼았다. 그는 다양한 문화와 정보에 스스로를 내던지는 것을 통해 더 성장할 수 있다고 믿고 있었다. 물론 소수의 친구들과 깊은 우정을 나누거나 수업 내용을 100퍼센트 소화하는 경험은 놓칠 수밖에 없었다. 하지만 다양한 국가와 산업군의 비즈니스 인사이트를 누구보다 폭넓게 이해할 수 있는 바탕을 갖추게 되었다.

한 친구는 취업 준비에 과감히 올인했다. 입학하는 시점부터 명확히 하고 싶은 일이 있었고, 꿈꾸는 직장을 구체화했기 때문에 리크루팅에 과감한 배팅을 한 것이다. 롤모델로 삼고 있는 벤처캐피털의 파트너와 인연이 닿기 위해 무려 수백 통의 콜드콜cold call을 했다고 한다. 여기서 콜드콜은 전혀 모르는 사람에게 무작정 연락해서 부탁하는 것을 의미한다. 말이 수백 통이지 하루에 다섯 시간씩 달아오른 휴대전화를 들고 모르는 사람에게 도움을 구한 것이다. 동문 데이터베이스Alumni Database를 샅샅이 검색하는 것은 물론, 스무 명이 넘는 교수진을 찾아간 끝에 결국 롤모델을 직접 만날 수 있는 기회를 얻어냈다.

가까스로 연락이 닿은 후에는, 스스로의 강점을 증명하기 위해 다양한 공동 프로젝트를 제안해서 결국 2학년을 맞이하기 전에 꿈의 직장에서 오퍼를 받았다. 물론 그 대가가 작았던 것은 아니다. 학교 수업에 빠지는 일이 잦았던 그는 가까스로 졸업했다며 민망한 성적을 숨기지 않았다. 하지만 학업적 성취를 이루거나 여행과 파티 등 청춘의 낭만을 즐기지는 못했더라도 스스로 원하는 것을 쟁취했다는 자신감이 얼굴에 가득 찼다.

또 다른 친구는 학업에 100퍼센트 투자하기로 마음먹고 혼신의 힘을 다해 수업에 임했다. 지적 호기심이 넘치고, 글을 분석하고 쓰는 데 탁월한 재능이 있는 친구로 경영을 제대로 공부하고 싶다는 의욕이 넘쳤다. 대부분의 학생들이 대강 훑어보는 참고 자료까지 꼼꼼하게 확인하고, 조금이라도 애매한 개념은 집요하게 파고들며, 다른 학생들이 콘퍼런스나 리크루팅을 핑계로 결석할 때도 흔들림 없이 100퍼센트 출석했다. 그리고 결국 동기 중 가장 높은 성적으로 최우등 졸업을 해냈다.

나의 인턴 구하기 대작전

나 또한 예외는 아니었다. 다른 친구들만큼 과감하게 하나에 집중하지는 못했지만, 명확한 우선순위를 정했다. 첫째는 커리어, 둘째는 네트워킹이었다. 시민권도 없고, 해외에서 일해본 경험도 짧은 나의 현실을 직시하고, 인턴 리크루팅에 집중했다. 한국에서도 대기업을 거치지 않았기 때문에, 이왕이면 빅테크 기업에서 스케일이 큰 프로젝트를 담당할 수 있는 포지션을 경험해보고 싶었기 때문에 명확한 인턴 위시리스트를 작성할 수 있었다. 파티와 여행의 유혹, 친구들과 함께 보내는 시간이 적어 아쉽기도 했지만, 그 과감한 투자 끝에 구글Google에서 흥미로운 인턴 생활을 할 수 있는 기회를 얻게 되었다.

나의 인턴 구하기 대작전은 가장 먼저 구글에서 커리어를 시작해 HBS에 다니고 있는 동기를 찾는 것부터 시작했다.

HBS는 학생들의 상세한 프로파일을 열람할 수 있는 시스템을 갖추고 있다. 또한 졸업생들이 근무해온 직장이나 이메일 주소 등 연락처도 데이터로 저장되어 있어서 검색을 통해 관심 있는 회사에서 일하고 있는 선배나, 흥미 있는 분야에서 커리어를 쌓은 선배들의 개인 연락처를 확인할 수도 있다. 또한 커리어센터의 도움을 받으며, 동문 DB 인프라를 적극 활용하여 메타Meta, 구글과 같이 내가 지원하고자 했던 회사에 근무한 경험이 있는 친구나 선배들의 도움과 조언을 얻을 수 있었다.

이와 동시에 관심 영역인 전략 조직이나 부서에 포진해 있는 동문들에게도 적극적으로 연락을 취했다. 혹시 관심 있는 부서에 오프닝opening이 있는지, 해당 부서 담당자를 연결해줄 수 있는지, 담당자와 커뮤니케이션을 하면서 주의해야 할 점은 무엇인지를 모두 꼼꼼하게 물었다. 또한 친구들과 민망한 모의 면접을 거듭하기도 하면서 내가 정말 원하는 것을 얻기 위해 할 수 있는 최선을 다했다.

농업적 근면성에 기반해 인턴 준비를 하며 내가 놓친 것들을 떠올려 본다. 경험의 지평을 확장할 수 있는 여러 견학

기회가 가장 아쉽다. 졸업하고 갈 회사가 정해져 있어서 조금 더 자유롭게 다양한 관심사를 모색하며 느긋하게 네트워크를 확장하는 친구들이 중장기적으로는 위너일지도 모른다는 생각도 해봤다. 하지만 나는 나에게 중요하다고 생각하는 것을 선택했고, 그렇지 않은 것을 과감히 포기했기에 후회 없는 1학년 생활을 마쳤다.

누구나 24시간을 산다. 아무리 뛰어난 사람도 모든 일을 완벽하게 해낼 수는 없다. 모든 일이 중요해 보이고, 때로는 모든 일을 해낼 수 있다는 오만함이 슬며시 차오를 때도 있다. 하지만 그럴수록 냉정하게 '나에게' 가장 중요한 것을 능동적으로 선택할 수 있는 결단력이 필요하다. 그리고 포기한 부분은 과감히 잊어야 한다. 혹자는 '정신승리'를 미화한 것이 아니냐고 비판할 수도 있다. 하지만 포기한 것을 아쉬워하며 마음의 짐을 쌓아 두게 되면 이후 비슷한 상황과 마주했을 때 선택을 두려워하게 된다.

잘해야 하는 일, 잘하는 일, 잘하고 싶은 일

선택의 대가가 비싼 만큼, HBS의 학생들은 절대 포기할 수 없는 것과 포기할 수 있는 것을 구체화하기 위한 고민을 거듭한다. 이 고민은 결국 스스로가 '잘하는 일Easy Task', '잘해야 하는 일Must Task', 그리고 '잘하고 싶은 일Dream Task'을 이해하는 과정을 의미한다. 이는 '잘 해야 하는 일'을 완수하기 위해서 이미 '잘하는 일'에 들어가는 노력과 시간을 효율적으로 조정하고, 더불어 '잘하고 싶은 일'을 통해 새로운 성장의 기회를 모색하는 것이다.

'잘해야 하는 일'은 목표를 달성하기 위해 꼭 필요한 역량을 의미한다. 투자은행에서 일하고 싶다면 재무적 지식이 필수이고, 실리콘밸리에서 프로덕트 매니저로 일하고 싶다면 SQL과 같은 몇 가지 툴을 능숙하게 다루며 IT 프로덕트의 기본적인 구조를 파악하고 있어야 한다. 잘해야 하는 일을 제대로 정의하기 위해서는 자신이 목표로 하는 포지션이 요구하는 역량의 수준을 파악하는 것이 가장 중요하다.

'잘하는 일'은 이미 스스로 갖추고 있는 역량을 뜻한다. 동일한 목표를 가지고 있는 다른 친구들보다 확실히 앞서 있거나, 절대적인 기준치를 충족하고 있는 경우이다. 이를테면 헤지 펀드에 입사하기 위해서는 채용 과정에서 스톡 피치Stock Pitch(종목 추천 프레젠테이션)를 필수적으로 해야 하는데, 평소에 개인적으로 투자 자문을 해본 경험이 있는 친구들은 인상적인 프레젠테이션을 선보인다.

'잘하고 싶은 일'은 당장 필요하지 않더라도 궁극에는 얻어내고 싶은 역량을 뜻한다. 10년 후, 20년 후에 이루고 싶은 일을 달성하기 위해 필요한 역량이다. 즉, 자신이 생각하는 이상향을 이루기 위해 추가적인 노력이 필요한 영역이다. 예를 들어 문화 예술을 사랑하며 CEO를 꿈꾸는 한 친구는 취미 삼아 미리 소소하게 미술 투자를 하고 있다. 지금은 작은 뷰티 스타트업을 운영하고 있지만, 그녀가 꿈꾸는 30년 후의 모습은 예술과 아트를 후원하고 지지하는 CEO이다. 따라서 그는 자신의 이상향에 다가가기 위해서 미리 작은 준비를 하고 있는 셈이다.

월스트리트의 증권가에 입성한 또 다른 친구는 엄청난 수리력과 분석력을 지니고 있어 늘 수학 천재라 불렸다. 하지만 그가 꿈꾸는 금융 리더의 모습은 자기 방에 틀어박혀 숫자를 맞추는 사람이 아니라 자신의 판단을 설득력 있게 전달하는 '능수능란한 커뮤니케이터'의 모습이다. 따라서 그는 지금 눈코 뜰 새 없이 바쁜 와중에도 정기적으로 프레젠테이션 코치를 받고 스피치 연습을 하고 있다.

이처럼 잘하고 싶은 일은 잘하고 있고, 잘해야 하는 일의 연장선에서 더 매력적인 인간이 되고, 더 넓은 영향력을 미치기 위한 의지가 함께하는 것이다.

한 가지 방향성을 정했다면

'잘하는 일'을 정의하기 위해서는 현재 가지고 있는 역량에 대한 객관적 판단이 필요하다. 이를 기반으로 단기간에 이루고 싶은 목표, 중장기적으로 이루고자 하는 비전의 조율을 통해 가장 중요한 일부터 우선적으로 해나갈 수 있는 나름의 체계를 갖출 수 있다.

HBS 학생들은 우선순위를 정하는 기준을 세우는 데 생각보다 많은 에너지를 쏟는다. 방 안에 틀어박혀 인생에서 중요한 것 100가지를 적어봤다는 친구도 있고, 삼삼오오 모여 이제껏 했던 중요한 의사결정의 과정을 나누기도 한다. 심지어 30명의 졸업생들과 상담을 했다는 친구도 있었다. 자칫 중2병처럼 보이는 이러한 고민들이 시간 낭비로 치부될 수도 있지만, 돌이켜보면 사실은 MBA 생활에서 가져갈 수 있는 가장 귀한 인생 레슨이었다는 데에는 이견이 없다. 2년간의 생활 동안 흔들리지 않을 나름의 원칙을 세우는 것, 그리고 그 과정에서 과거의 궤적을 패턴으로 인지하는 것은 소용돌이 같은 HBS에서 잘 살아남기 위한 기준점이 된다.

이러한 고민의 시간만큼 중요한 것은 스스로의 결정을 믿고 번복하지 않는 것이다. HBS 학생들의 특징은 한 번 결정한 일에 쉽게 타협하지 않는다는 점이었다. 어차피 세상에 100점짜리 답이 없다면, 스스로 집중하기로 결정한 것이 가장 중요하다는 믿음을 가지고, 몰입하는 것이 필요하다. 일단 하기로 마음을 먹었다면 끝을 보자. 치열하게 고민하되, 한 가지 방향성을 정했다면 뒤돌아보지 않고 최선의 노력을 다하는 것이 유일한 돌파구가 될 것이다.

HBS에서 창업과 스타트업 관련하여 가장 사랑받는 강연자이자 유수의 벤처투자자인 제프리 버스강Jeffery Bussgang 교수는 졸업을 앞둔 마지막 수업에서 이런 말씀을 하셨다.

"MBA 후 첫 직장, 첫 창업 아이템이 세상에서 제일 중요한 것 같지만 많은 학생들이 졸업 후 일 년 내에 직장을 옮기거나 사업 아이템을 바꿉니다. 실제로 많은 친구들이 의사결정을 하기가 두렵고 우선순위를 정하는 데에 어려워하는 것은 어쩌면 우리가 그 의사결정 하나하나에 과도한 가중치를 두기 때문일지도 모릅니다. 그저 원칙을 가지고 중요하다고 생각하는 일에 올인하는 것, 그리고 스스로 정해둔 기준에 맞게 주어진 시간 속에서 최선을 다하는 것이 정말 중요한 일 아닐까요."

Chapter 4

먼저 프로페셔널한 질문러가 될 것

좋은 질문이 좋은 답변을 만든다

질문은 대화의 시작이며,
토론의 촉매제이다.
이는 의미 있는 인간관계를 만들고,
사고의 지평을 넓히는 가장 확실한 수단이다.

하버드 비즈니스 스쿨은 다른 MBA 과정과는 달리 1학년 수업이 모두 필수과목으로 구성되어 있다. 그래서 1학년을 RC 이얼Year이라고 부르기도 하는데, 말 그대로 일 년 내내 필수 과목'R'equired 'C'ourse을 들어야 한다는 의미이다. 이렇게 한 학기에 5개의 과목씩 총 10개의 과목을 모든 학생이 함께 수강한다. 선택지가 제한된다는 점은 아쉽지만, 비즈니스의 기본을 익히기 위한 매우 훌륭한 시스템이라는 사실에는 이견이 없다. 자신의 선호와 상관없이 꼭 알아야 하는 경영학의 기본기를 친구들과 함께 익힐 수 있기 때문이다.

학부에서 경영학을 전공한 나는, 중복되는 과목이 있어 배움에 제약이 있지 않을까 우려하기도 했지만 그건 기우였다. 90여 명의 같은 반 친구들과 토론하는 방식으로 진행되는 하버드의 수업은 교과서나 PPT를 암기하던 기존의 방식과는 달리, 더 폭넓은 개념으로 확장이 가능했다. 또 요즘 트렌드가 아니라는 이유로 상대적으로 등한시되기 쉬운 과목이나 주제에 대해서도 깊이 배울 수 있다는 사실도 매력적이었다.

HBS의 1학년 커리큘럼

1학년 1학기에는 재무회계 및 통제FRC, Financial Reporting and Control, 파이낸스 1FIN 1, Finance 1, 리더십과 조직행위LEAD, Leadership and Organizational Behavior, 마케팅MKT, Marketing, 기술 및 생산관리TOM, Technology and Operations Management를 배운다. 경영학 학부와 비슷한 커리큘럼인데, 굳이 학부에서 경영학을 전공하고도 다시 MBA를 선택한 데에는 그 이유가 있다. HBS에서는 배우는 모든 과목이 '경영자로서 의사결정을 어떻게 할 것인가'에 집중되어 있다. 그리고 이곳에서는 정답이 없는 문제, 즉 경영 케이스를 분석하고 나름의 해석을 하는 과정을 거듭한다.

FRC 수업은 일반적인 학부의 회계 커리큘럼과 유사하지만 경영자의 관점, 경영의 언어로 회계를 바라본다. 정답이 명확한 회계적 지식을 넘어서, 경영의 언어인 재무제표를 이해하고 그 이해에 기반한 의사결정을 고도화하는 데 집중한다. FIN 1은 말 그대로 재무의 첫걸음이다. 기업재무의 기초를 배우고, 가치 평가를 하기 위한 재무적 이론을 다양한 사례를 통해 익힌다.

MKT에서는 단순한 마케팅 이론을 넘어 마케팅이 기업의 DNA로 자리매김한 사례들을 살펴보면서 다양한 마케팅 전략을 배운다. TOM은 기술에 기반해 프로세스를 관리하고 최적화하는 영역에 대해서 배운다. HBS를 상징하는 코스 중 하나인 LEAD에서는 다양한 리더십 스타일이 실제 조직의 성패에 미치는 영향을 치밀하게 분석하고 토론한다.

1학년 2학기는 기업, 정부 및 국제경제BGIE, Business, Government, and the International Economy, 전략Strategy, 창업가적 경영자TEM, The Entrepreneurial Manager, 파이낸스 2FIN 2, Finance 2, 리더십과 기

업의 책임LCA, Leadership and Corporate Accountability을 익힌다.

가장 많은 학생들이 선호하는 과목 중 하나인 BGIE에서는 매 수업마다 한 국가를 정해두고 그 국가의 경제적, 사회 문화적 발전상을 포괄적으로 다룬다. HBS의 명교수를 많이 배출한 전략 수업에서는 전략적 의사결정의 방식을 다양한 사례를 통해 배운다. FIN 2에서는 FIN 1보다 심화된 재무 지식을 익히며, 끝으로 LCA에서는 기업의 윤리적 책임에 대해 배운다.

스카이 데크에서 바라본 강의 풍경

HBS에서는 이 모든 필수과목을 90여 명으로 이루어진 한 반의 학생들이 함께 수강하게 되는데, 정해진 강의실에 모두가 함께 앉아 있으면 교과를 담당하는 교수들이 강의실로 들어와 담당 과목을 가르치는 방식이다. 게다가 지정좌석제로 한 학기가 운영된다. 학생들은 의무적으로 본인의 이름표를 지정석에 붙여두고 수업에 임한다. 한국의 고등학교와 매우 비슷한 풍경을 HBS 강의실에서 마주하게 되는 것이다. 모두가 함께 같은 강의를 정해진 자리에서 듣자니, 타임머신을 타고 과거로 돌아간 기분마저 들었다.

'아니, 이렇게 한국 고등학교 같은 시스템 하에서 어떻게 창의적이고 확장된 논의가 이루어진다는 걸까?'

자연스럽게 이러한 물음표가 떠올랐다.

나에게 배정된 1학년 첫 학기 자리는 '스카이 데크sky deck'로 불리는, 강의실 맨 뒷자리였다. 콜로세움 형식으로 설계된 반원형 강의실의 끝에 있으면 반 학생들 전체가 내려다보인다. 다소 집중력이 흐트러질 수는 있지만, 학생들 전체가 내려다보이는 자리라 수업 전체의 분위기를 느끼기에는 최적의 핫스팟이다. 특히 이 명당에서 관찰자 시점으로 수업의 풍경을 지켜보고 있노라면 학생들의 끝없는 질문의 향연에 압도되곤 한다.

앞서 말했듯이 HBS의 모든 수업은 케이스(기업의 주요 의사결정을 20~30페이지의 내용으로 요약한 아티클)를 기반으로 한다. 즉 교수가 '강의'를 하는 경우는 없다고 봐도 무방하다. 학생들이 다양한 기업의 흥망성쇠와 의사결정 과정을 상세하게 다룬 케이스를 읽고, 이를 바탕으로 토론을 하고, 서로에게 질문을 던진다.

학생들의 토론으로 모든 배움의 과정을 설계하는 HBS 강의실에서 가장 빛나는 순간은 날카로운 질문이 던져질 때이다. 케이스가 흥미로울 때는 양과 질 측면에서 압도적인 질문들이 쏟아지고 강의실 문을 나서려는 교수를 막아서는 친구들이 있을 정도로 강의실이 달아오르기도 한다.

이 때문에 HBS에서 교수의 역량은 '강의력'이 아니다. 도리어 '진행력'이 교수의 진정한 내공으로 평가받는다. 정해진 시간 안에 학생들의 발언과 질문을 얼마나 효과적으로 관리하는지, 이 과정에서 얼마나 적시에 핵심 개념을 가르칠 수 있는지에 따라 교수의 역량을 가늠하게 되는 것이다. 다양한 학생들의 성향을 파악하고, 질문의 본질을 이해하며, 질의응답의 텐션을 유지하는 것이 곧 훌륭한 강의를 구성하는 요소가 된다. 학생들이 2시간 케이스를 준비할 때 교수들은 20시간은 강의를 준비해야 하는 것도 이 때문이다.

질문의 자정작용

처음부터 모든 학생들이 좋은 질문을 하는 건 아니다. 의욕이 앞서다 보니 과도하게 공격적인 질문이 오가기도 하고, 발언의 횟수를 신경 쓰다 보니 중언부언하는 경우도 있다. HBS에서 성적의 절반 이상이 강의실 내 발언의 양과 질에 대한 평가에 기반하는 만큼 때로는 불필요한 감정 소모가 일어나기도 한다.

그러나 입학하고 한두 달이 지나면, 강의실 안에서 자연스럽게 질문에 대한 자정작용이 이루어진다. 강의 내용을 이끌어 가는 것이 학생 한 사람 한 사람의 발언인 만큼, 강의실에 앉아 있는 학생 모두에게 도움이 되면서, 스스로의 지적 호기심을 해결할 수 있는 질문이 무엇인지에 대한 깊은 고민이 시작되는 것이다.

학생들이 함께 찾아낸 솔루션은 우리 모두가 정말로 궁금한 것을 물어야 한다는 것이다. 예를 들어 본인의 의견에 물음표만 붙여 질문의 형식으로 주변의 동의를 구하던 친구가 있었다.

- "A라는 방법으로 시장에 진출하면 리스크가 가장 적지 않을까요? 그렇죠?"

- "B라고 말씀하셨는데, 정확히 이해가 되지 않거든요. 이해가 가지 않는 전략은 나쁜 전략이라고 하던데, B가 최적의 대안이라는 추가적인 근거는 무엇일까요?"

이런 식의 질문은 좋지 않다. 앞의 질문은 A라는 방법이 더 우월하다는 전제 하에 '반대 의견'을 질문의 형식으로 전달하고 있다. 자신에게 다른 특정한 의견이 있다면 질문을 하는 것이 아니라 그 의견을 근거와 더불어 제시해야 한다.

두 번째 질문은 본인이 이해하지 못했기 때문에 복잡하다고 단정 짓고 있다. 정확히 어떤 부분이 이해가 가지 않는지 정확하게 질문해야 그 의견에 대한 합리적인 판단을 내릴 수 있는 것이다.

이렇게 본인의 의견에 물음표만 붙여 질문 형식으로 주변의 동의를 구하던 친구는 결국 다른 친구들에게 "문장 마지막에 마침표를 붙여주길 바란다"는 말을 들어야 했다. 그는 이러한 지적에 민망해하면서도 "내가 잘못 행동한 거 같아"라는 말과 함께 자신의 부족함을 인정하는 모습을 보여주었다.

매번 "정말 몰라서 그러는데"로 시작되는 묘한 표현으로 질문을 가장해 상대의 허점을 파고들던 친구도, 다른 이들의 지적에 얼마 지나지 않아 '몰라서 그러는데' 병이 완치되었다.

이러한 열띤 수업 과정을 통해 의견과 질문은 철저히 구분해야 논의의 질적 수준을 높일 수 있다는 사실도 함께 깨달았다. 의견이 다르다면 논거를 주고받으며 더 합리적인 대안을 함께 모색해나간다. 만약 질문이 있다면 대전제나 이해하고 있는 사실관계가 다른지 함께 검토한다. HBS의 강의실 안에서는 우리가 대립할 것인지, 지지할 것인지, 보완할 것인지, 탐구할 것인지 솔직하게 터놓고 논의의 핵심에 더욱 효율적으로 다가선다.

또한 질문의 의도를 숨기지 않고 순수하게 드러내면서 추가 정보를 요청한다. 상반된 의견을 제시할 때는 반대한다는 의사를 분명히 해야 한다. 자신의 의도를 속이지 않아야 토론이 감정적 싸움으로 이어지지 않기 때문이다.

모르는 것이 있다면 솔직하게 물어보는 용기도 필요하다.

언뜻 듣기에는 기초적이고 단순해 보이는 질문이라고 할지라도 그 질문에 진심 어린 호기심이 깃들어 있다면, 새로운 발견의 실마리가 되기도 하기 때문이다. 이런 경험이 쌓이다 보면 나만 모르는 게 아닐까 하고 불안했던 마음이 내가 모르면 남도 모를 수 있다는 뻔뻔함으로 바뀌게 된다.

하버드 질문 러버들

자신이 정말 궁금해하는 내용이 있다면 질문하기 전 스스로 자가 점검을 해보는 습관이 중요하다. 단순히 정보를 확인하는 것을 목적으로 하는 것인지, 보다 추상적인 관점이나 의견에 대해 파악하고자 하는 것인지에 따라 질문의 방식과 타이밍이 달라질 수 있기 때문이다. 일례로 단순히 정보를 확인하는 것이라면 질문은 즉각적으로 간단하고 명료하게 하는 것이 좋다. 정보는 의견의 논거가 되기 때문에 미리 사실관계나 정보의 적확성을 검증하지 않으면 토론의 방향성이 틀어질 수 있기 때문이다.

의견의 진의를 파악하기 위해서는 다각도의 질문을 준비하는 것이 좋은 전략이다. 조금 더 쉬운 개념으로 비유해서 질문한다거나, 사례를 들어 질문하는 방법을 취할 수도 있다. 맥락에 대한 공유가 중요한 만큼, 구체적인 표현을 적극 활용하는 것도 방법이다.

지적 호기심에 기반한 순수한 마음으로 질문하고자 하는 목적을 명확히 하며 질문에 대한 답을 충분히 받아들이고자 하는 의지가 어우러질 때 좋은 질문이 되고, 토론의 지평이 확장되게 된다.

내가 그동안 만나온 HBS 학생들은 궁금한 것이 생기거나 모르는 부분이 있을 때 포기하지 않고 끝까지 물어보는 집요함이 있었다. 또한 대부분 그에 대한 답을 얻을 때까지 주변 사람들을 적극적으로 활용한다. 거시 경제를 다루는 수업에서 한국의 경제 발전에 대한 케이스를 공부한 다음에는 친구들이 쉬는 시간 내내 나를 붙잡고 놓아주지 않았다. 이미 수업 중에 한국식 성장 모델에 대해 충분한 논의가 되었다고 생각했는데, 친구들에게는 어림도 없었던 것이다. 덕분에 나는 고등학교 근현대사 수업 이후 처음으로 관련 도서를 펼쳐,

경제개발 5주년 계획의 득과 실에 대해서 공부해야 했다.

사모펀드의 투자 전략에 대한 케이스처럼 논란이 되기 쉬운 주제를 다루었을 때는 매운맛 발언을 한 친구들을 둘러싸고 근거 자료를 요구하는 장면이 연출되기도 한다. 1980년대에 제약회사가 어떻게 제품을 연구 개발하고 마케팅하는 프로세스를 구축했는지 논의한 후에는 몇몇 학생들이 도서관으로 곧장 달려가는 모습을 목격하기도 했다. 의학 논문을 검색하고 옛 신문을 찾아내, 의약품의 실제 효능과 광고 문구를 비교 분석하는 친구들의 모습을 보며 의문을 바로바로 해결하고야 마는 지독함에 혀를 내두른 적도 있다.

시험 준비 기간에는 더 본격적인 질의응답의 장이 펼쳐진다. 파이낸스 시험을 앞두고는 금융업계에서 일하다 온 친구들에게 질문이 몰려 기숙사 1층 라운지에서 미니 특강이 벌어지기도 했다. 암기력이 요구되는 퀴즈를 앞두고는 기록과 요약에 능한 기자 출신 친구들의 활약이 돋보인다.

교수님을 직접 찾아가는 열의도 이에 못지않다. 평소에 관심 있던 분야가 있으면 적극적으로 만나고 질문하면서 답을 구한다. 수업 중 해결하지 못한 의문점뿐만 아니라 유관한 영역에서 평소 지니고 있던 생각들까지 갈무리하여 단순한 호기심을 지식 축적의 시작점으로 삼는 것이다.

질문하는 마음에서부터

흔히 질문을 잘해야 한다고 말하면, 수백 명이 있는 강의실에서 손을 번쩍 들고 질문하는 당돌한 학생이나, 기자회견장에서 정치인에게 날카로운 질문을 쏟아내는 언론인의 모습을 떠올린다. 이러한 극적인 장면을 상상하면 덜컥 겁이 나기 마련이지만 HBS 학생들이 하는 질문은 쇼맨십이 드러나는 공개 발언과는 결이 다르다.

학생들의 질문은 대부분 순수한 지적 호기심의 표현에 가깝다. 질문을 한다는 것은 말 그대로 물음표를 품는다는 것이다. 모르는 것을 부끄러워하지 않고, 생소한 것을 이해하고자 노력하고, 당연하다고 여겨지는 것에 반기를 들어보는 자세, 그 자체가 질문을 품는 것이다. 나는 이러한 '질문하는 마음'을 잘 담아내는 것이 가장 좋은 질문 태도라고 생각한다.

우문현답은 존재하지 않는다. 좋은 답변은 오로지 좋은 질문을 통해 나올 수 있는 법이다. 질문자가 좋은 태도를 갖춘다면 좋은 답변을 넘어선 위대한 답변과, 적극적인 서포트까지도 기대해볼 수 있다. 반면에 선배나 교수에게 호감을 얻겠다는 피상적인 이유로 다가간다면, 그 속내를 들키기 쉽다.

더 나아가 질문을 통해 얻은 답을 어떻게 활용할지에 대한 부분을 적극적으로 표현하는 것도 중요하다. 답변을 해주는 사람 입장에서는, 질문자의 의도에 대해서 궁금증을 갖는 것도 당연하다. 왜 이 질문을 떠올리게 되었는지, 질문의 답을 구하기 위해 어떤 노력을 했는지, 또 답을 얻게 되면 어떻게 활용할 것인지에 대한 배경을 설명하면 더 충실한 답변을 얻어낼 수 있다.

프로페셔널의 출발점

질문은 대화의 시작이며, 토론의 촉매제이다. 이는 의미 있는 인간관계를 만들고, 사고의 지평을 넓히는 가장 확실한 수단이 된다. 질의응답을 나눈다는 것은 가장 가까운 지적 교감이자, 우정의 착화점이 된다. 또한 좋은 질문은 좋은 답변을 이끌어내는 힘을 가지고 있다. 그리고 좋은 답변을 엮어내다 보면, 인사이트에 도달하게 된다. 그렇기에 HBS의 학생들은 더 좋은 질문을 하기 위한 부단한 노력을 오늘도 거듭하고 있다.

사회생활을 하다 보면 '그러려니' 하면서 일상을 보내게 된다. 모르는 것을 물어보면 이야기가 길어지고, 의문점을 해소하다 보면 불가피하게 갈등을 초래하기도 한다. 질문을 던지는 순간 번거로운 일들이 늘어나기 때문이다. 하지만 지적 호기심을 포기하고, 질문을 두려워하는 순간 깊은 깨달음은 멀어진다.

가끔 업무 현장에서 질문을 두려워하는 동료나 후배를 만나면 답답해지는 경우가 많다. 일을 시작하기 전에 서로 질문을 하고 합의를 이루었다면 충분히 해결했을 문제를 결과물이 나올 때까지 물음표인 채로 남겨두다가 여러 번 재작업하는 일이 빈번하게 일어나기도 한다. 반면에 간단한 질문으로 깊이 있는 맥락까지 파악하고, 더 나은 제안을 하는 슈퍼 일잘러와 마주하는 경우도 많다. 좋은 질문에는 그 이상의 답변이 따라오기 마련이고, 이러한 정보와 지식의 공유야말로 끈끈한 동료애로 이어지는 것이다.

✦

Chapter 5

'나 사용설명서'를 가지고 있나요?

하버드 학생들의 나 사용법

누구에게나 각자의 몸과 마음에
필요한 자신만의 처방전이 있다.

도저히 지금의 체력으로는 학교 생활을 견뎌내기 어렵겠다는 위기감이 몰려오던 어느 날, 작정을 하고 HBS 셰이드 홀Shad hall을 찾았다. 지금 당장 운동을 시작하지 않으면 곧 몸이 망가질 것 같은 위기감이 몰려왔기 때문이다. 셰이드 홀은 비즈니스 스쿨 전용 헬스센터로 실내 농구장, 테니스장, 실내 육상 트랙 등 최첨단 시설이 갖추어진 체육관이다. 오리엔테이션 기간에 들렸던 것을 제외하고는 처음 헬스장에 들어선 순간 나도 모르게 헛웃음이 터져 나왔다.

'이 살인적인 일정 속에서도, 다들 몸을 챙기며 살고 있구나. 나만 빼고!'

자신의 매뉴얼대로

새벽 6시부터 체육관은 가득 차 있었고, 각자 나름의 방식으로 아침을 열고 있었다. 다들 밤늦게까지 비즈니스 케이스를 읽고, 발표를 준비하며, 파티에 참석하고, 주말이면 산으로 바다로 여행을 다니면서도 일상의 단단한 루틴을 지켜가고 있었던 것이다.

누구나 몸에 필요한 처방이 있다. 특히 에너지 소모가 큰 하버드 비즈니스 스쿨에서는 스스로의 상태를 섬세하게 지켜보며 적절한 자가 처방을 하지 않고는 오래 버티기 힘들다. 그래서 학생들은 최상의 컨디션에 이르기 위해서 해야 하는 투두리스트To-do list를 만들고, 예외 없이 이를 행동에 옮긴다. 무리하지 않는 선에서 오래 지속할 수 있는 루틴을 체계적으로 정립하고, 이 루틴이 생활에 완전히 녹아들 때까지 스스로를 엄격하게 통제한다.

잠은 하루에 몇 시간 자야 하는지, 몇 시에 일어나야 하는지, 하루에 어떠한 운동을 얼마나 해야 하는지, 술은 일주일에 몇 번 마셔야 하는지, 아플 때는 어떻게 쉬어야 하는지 자신만의 몸 관리 방법을 체계화하는 것이다. 여행을 가서도 매일 아침 일어나 스트레칭과 러닝으로 하루를 시작하는 친구, 당장 내일 중요한 시험이 있어도 7시간 취침을 사수하는 친구, 탄수화물 섭취를 g단위로 관리하는 친구, 아무리 바빠도 낮잠 1시간을 사수하는 친구 등 각자 섬세하게, 하지만 엄격하게 스스로를 단련하고 다루는 친구들을 보면서, 자신만의 매뉴얼의 힘을 깨달을 수 있었다.

지치고 우울한 감정을 대하는 자세

HBS 학생들은 자신의 몸을 다루고 관리하는 법만큼이나 마음의 여유를 지켜내기 위한 방법도 스스로 찾아낸다. 조급하고 우울한 마음을 어떻게 추스르고 안정을 되찾을지에 대한 각자의 공식과 노하우를 가지고 있는 셈이다. 그들은 무작정 열심히 그리고 최선을 다하기보다는 스스로의 마음에 귀를 기울이며 균형을 유지하는 데 중점을 둔다.

모두가 정신없이 일자리를 찾는 리크루팅 시즌에 스마트

폰을 손에서 놓지 않고 모바일 게임에 온종일 몰두해 있던 친구에게 웃으며 농담 섞인 핀잔을 건넨 적이 있다. 그러자 의외의 답변이 돌아왔다.

"나는 어릴 때부터 면접을 앞두고 늘 떨었어. 아무리 연습을 해도 매번 누군가와 일대일로 마주하면 긴장이 돼서 말 한마디 못하겠는 거야. 그런데 이렇게 한두 시간 정도 게임에 몰두하고 나면, 오히려 마음이 정리되면서 침착해져. 산발적으로 머리에 있던 정보와 지식, 내 감정까지도 구조화되는 느낌이야. 그래서 중요한 미팅을 앞두고는 이런 식으로 시간을 보내."

쑥스러운 눈빛을 접고 다시 스마트폰 화면으로 눈을 돌리는 친구를 보며, 스트레스를 받는 상황에서 마음을 다독이는 방법도 스스로에 대한 분석과 이해를 바탕으로 한다는 것을 깨달았다. 자기만의 지치고 힘든 정신을 달래고 마음의 여유를 되찾는 재충전 비법을 가지고 있는 것이다. 이 대화를 계기로 나 또한 '나의 마음 설명서'를 고민하게 되었다. 어떤 상황에서 정서적으로 불안정해지는지, 어떤 종류의 스트레스에 가장 취약한지, 어떤 사람과 대화할 때 움츠러드는지를 떠올리면서 매뉴얼의 첫 장을 만들 수 있었다.

나의 마음 사용설명서

잠시 교환학생으로 머물렀던 것을 제외하면, 그야말로 첫 정식 미국 유학 생활을 하게 된 나는 처음 겪는 낯선 소통의 환경이 괴로웠다. 처음 만난 자리에서 가벼운 이야기를 주고받는 스몰 토크의 어색함, 모르는 사람에게도 민망함을 감추고 말을 걸어야 하는 순간이 스스로의 인간적 매력을 의심하는 계기가 되었다. 한국에서 여러 직장을 경험한 만큼 다른 친구들과 달리 커리어에 대한 불확실함은 잘 참아냈지만, 네트워킹은 조금 달랐다. 애를 써도 마음을 나눌 만한 친구가 생기지 않자, HBS의 주요 이벤트에서 소외되는 것이 내심 두려워졌다. 인간관계의 불확실성이 큰 스트레스였던 셈이다.

자신 없어 하는 영역에서 성적이 조금 떨어지는 것은 괜찮았지만, 한국에서 늘 자신 있었던 프레젠테이션이나 토론에서 밀리는 듯한 느낌이 들면 견디기 어려웠다. 컨설턴트로, 또 전략 총괄로 팀을 리드했던 내 자신이 꿀 먹은 벙어리가 되는 순간을 스스로 용납하기 어려웠는지도 모른다.

이러한 나의 마음을 파헤치고, 또 종합해보면 한국에서는 잘해냈던 일들이 환경의 변화로 미국에서는 서툴러진 것을 견딜 수 없었던 것이다. 그런데 이러한 나의 상황을 인정하고 나니 마음이 한결 편해졌다.

강의를 듣다 보면 '한국어였더라면 내 의견을 더 유려하게 주장하고 관철시킬 수 있었을 텐데'라는 환경에 대한 아쉬움이, 때로는 '내가 정말 의견 개진을 잘하는 사람일까'라는 스스로의 역량에 대한 물음표가 돌아오기도 했다. 다양한 국가와 문화권에서 온 친구들이 서로 다른 목적을 가지고 모인 테크 클럽이나 우먼 인 인베스팅 클럽에서 리더십 역할을 수행하면서 마음처럼 회원들을 이끌 수 없을 때에는, 한국에서처럼 통솔력을 발휘할 수 없다는 현실이 서글프기도 했다.

새로운 환경에서 처음 접하는 사람들과 새로운 도전을 거듭하는 과정을 겪다 보면, 때때로 드러나는 나의 부족함이 환경 탓인지 아니면 정말 나의 문제인지에 대해 고민하는 시간도 길었다. 한국을 크게 벗어나지 않으며 교육 과정과 사회를 경험한 탓에, 나는 무엇을 잘하고 어떤 스타일로 성과를 만들어내는 사람인지 다 아는 것 같았는데, 이 부분이 모호해지자 '나' 자체에 대해 의심을 하게 되는 일이 마음을 무겁게 한 것이다.

스스로 마음의 문제, 스트레스의 원인을 찾게 된 것만으로도 위로가 되었지만, 여기서 한 발 더 나아갔다. 나는 HBS에서 운영하는 명상 수업에 참여하기도 하고 카운슬러와 깊은 대화도 나눴다. 이곳에서 이방인, 혹은 마이너리티로서 나 자신을 100퍼센트 발휘하지 못한다는 생각이 들 때는, 잠시 계획된 도피의 시간을 갖기도 했다. 한국에 있는 남자친구나, 가까운 옛 동료들에게 모국어로 한참 속내를 털어놓기도 했다. 미국에서 정면 승부를 해야 한다는 강박에, 한국어로 대화하는 것조차 괜한 죄책감이 들던 순간이 있었던 것도 사실이다. 하지만 한 번 마음을 내려놓으니 한결 자유롭고 너그러운 사람이 되어 어느새 자연스럽게 '내가 누군지' 설명할 수 있는 여유를 갖게 되었다.

하버드 클럽 활동

스스로 몸과 마음을 잘 다루는 친구들일수록 취미에 몰입하는 경우가 많다. 일이나 학업과는 전혀 관련 없는 무언가에 진심 어린 에너지를 쏟는 것이다. 이들은 아무리 바쁘고 분주하더라도 자신만의 루틴으로 취미에 시간을 주기적으로 할애한다. 몸과 마음이 한계에 다다르기 전에 취미를 통해 이를 다독이며 건강한 일상을 이어가는 것이다.

취미 부자로 캠퍼스가 가득한 만큼 기숙사 일층 피아노에서는 늘 음악이 흘러나오고, 영화제 시즌이면 수상작을 두고 내기의 열기가 캠퍼스를 달구기도 한다. 또 문득 열어본 친구의 신발장에서는 탭댄스 슈즈가 우르르 쏟아지기도 한다.

이런 학생들 덕분에 HBS 쇼HBS Show는 단연 학내 최고의 이벤트로 자리매김했다. 글, 음악, 춤 그리고 무대에 열정을 품은 친구들이 두 달여에 걸친 준비 기간을 거쳐 쇼를 무대(혹은 스크린)에 올리게 된다. 두 시간 가까이 이어지는 쇼를 기획하기 위해 매해 100여 명의 학생들이 직접 공연을 기획하고 출연에 참여한다. HBS 쇼뿐만 아니라 아카펠라 공연이

나 인도 전통춤 페스티벌에도 수십 명의 학생이 참여한다.

이 학생들이 하나같이 하는 이야기가 있다. 바로 일과 학업에서는 결코 얻을 수 없는 '특별한 삶의 의욕'을 커리어와 전혀 무관한 루틴을 통해 얻을 수 있다는 것이다. 일과 학업에서는 자주 얻기 힘든 성취감, 동료들과 사심 없이 앙상블을 만들 때의 고양감, 순간에 집중하면서 경험하는 몰입의 카타르시스, 평소에 쓰지 않는 몸과 마음의 근육을 움직이며 겪는 낯선 자극, 단순한 재미를 넘어 일상을 더 치열하게 살아낼 에너지를 각자의 성향에 꼭 맞는 취미를 통해 합성하고 있었던 셈이다.

이러한 특성은 HBS 생활의 백미라고 할 수 있는 클럽 활동에서도 여실히 드러난다. HBS에는 100개에 육박하는 클럽이 있다. 물론 커리어와 직접적으로 연관되는 테크 클럽이나 투자 클럽도 인기이지만, 학내에서 가장 인기 있는 유형은 아웃도어 클럽 같은 취미형 활동이다. 함께 삼삼오오 모여 주말에 실내 클라이밍을 하고 연휴에는 아름다운 풍광이 펼쳐지는 뉴잉글랜드의 산으로 하이킹을 떠나기도 한다. 방학 때는 파타고니아와 킬리만자로를 여행한다. 정식 클럽이 아니더라도 매일 조깅을 함께 하는 그룹, 테니스를 함께 치는 친구, 골프 여행을 함께 떠나는 무리를 찾는 것도 어려운 일이 아니다. 요트 클럽의 친구들이 주말이면 찰스강에서 조정을 하는 모습도 어렵지 않게 찾아볼 수 있다.

HBS에서 학업이나 커리어를 통해 성취감을 경험하기란 쉬운 일이 아니다. 그 자체로 난이도가 높기도 하지만, 이미 많은 성과를 이뤄온 이들에게 공부를 더 잘하고, 일을 더 잘하는 것은 과거의 자신을 뛰어넘어야 한다는 부담감이 존재한다. 나 또한 아무리 애를 써도 고등학교 3학년 때만큼의 효율이 나지 않는 것이 꽤나 속상했다. 아무리 인터뷰를 열심히 준비한다고 해도 대학 졸업반에 취업 준비를 하던 때만큼의 절박함에 미치지 못했기 때문에 과거의 나 자신에게 끊임없이 패배하고 있다는 아쉬움을 지울 수 없었다.

그렇지만 취미의 영역에서는 달랐다. 열흘 동안 꾸준히 달리기를 하다 보면 평소에 숨차던 구간을 힘차게 뛸 수 있었다. 어설프게나마 테니스 채를 몇 번 휘두르다 보면 그전보다는 훨씬 능숙해진다. 태어나서 한 번도 춰본 적 없는 인도 전통춤을 쭈뼛쭈뼛 따라하다 보면 무언가를 난생처음 해보았다는 성취감이 마음을 달래 준다.

HBS에서 친구들과 함께 노래하고 달리고 춤추면서 깨달은 것이 있다. 취미는 그 자체로도 즐겁지만 취미가 주는 성취감과 만족감은 학생들이 스트레스로 가득한 일상을 견뎌내는 방법이라는 것을. 그리고 이 몸과 마음의 컨디셔닝이 중장기적으로 삶의 크고 작은 도전을 이뤄내는 데 도움이 된다는 것을.

각자의 처방전

HBS 학생들은 특징에 따라 구분하는 A유형의 성격Type A Personality과 B유형의 성격Type B Personality 중에 A유형의 성격에 속하는 경우가 많다. A유형 성격은 외향적이고 야심 차며 승부욕이 넘치는 스타일을 뜻하는데, 이런 특성을 지닌 사람일수록 스트레스와 강박에 시달리기 쉽다. 한때 유행했던 알파걸의 알파가, 바로 이 A유형 성격의 특성을 뜻한다. 요즘 유행하는 MBTI로 따지자면 HBS에는 E(외향형)와 T(사고형)를 갖춘 친구들이 잔뜩 모여 있는 셈이다.

A유형 성격의 약점을 누구보다 잘 알고 있는 HBS 학생들은 몸과 마음의 건강을 유지하면서, 치열한 환경에서 살아남기 위해 스스로에게 최적화된 시간표를 만들고 있다.

자신만의 매뉴얼을 만드는 일은 스스로의 육체적, 정신적 한계를 인정하는 데서 시작한다. 의지로 모든 것을 해낼 수 있다는 것도, 밤을 새우면 못 이룰 것이 없다는 것도 환상에 불과하다. 시행착오를 통해 먼저 나의 용량을 확실하게 인지해야 한다. 그러고 난 후 탈이 나면 꺼내어 쓸 수 있는 처방전을 각자 마련하는 것이 다음 단계다. 경쟁에 져서 우울할 땐 성취욕을 채워주는 웨이트 운동, 동료와 갈등으로 속이 상할 때는 요리, 업무의 집중 포화로 막중한 책임감에 시달릴 때는 낮잠을 스스로에게 처방하는 식이다.

끝으로 예외적인 순간에도 무너지지 않는 루틴을 가지고, 일상의 요소 하나하나에서 퍼포먼스를 최대한 끌어올릴 수 있도록 삶을 관리한다. 어찌 보면 지독할 만큼 체계적이라 인간적이지 않은 부분도 있지만, 스마트한 학생들은 이렇게 삶의 불확실성에 논리적으로 대응하며 살고 있다.

나의 하루를 기록하다 보면

HBS식의 자기 관리법을 시작하기 위해서는 일단 스스로 어떤 육체적, 정신적 건강 상태인지 확인해보는 것이 먼저다. HBS 학생들이 사랑하는 방식은 기록이다. 딱 일주일만 얼마나 움직였고, 무엇을 먹었고, 얼마나 일했고, 유튜브는 몇 분을 봤고, 영화나 책을 보는 시간은 어느 정도인지 기록해보자. 애플워치나 핏비트Fitbit, 웁WHOOP과 같은 웨어러블 디바이스의 도움을 받는 방법도 있고, 스마트폰 알람 기능 등을 활용해서 실제 사용하는 시간을 측정하는 방법도 있다. 중요한 것은 내가 어떤 라이프 스타일을 영위하고 있는지 확실히 파악하는 것이다.

나의 일상을 구성하고 있는 활동을 모두 적어보고, 그 임팩트를 기록해보자. 밤새 유튜브를 보는 것은 마음의 즉각적 위안은 되지만 중장기적으로는 자기 효용감을 떨어트리는 액션일 수도 있다. 아침에 일어나서 커피 한 잔을 마시는 건 조금 귀찮지만 하루를 시작하는 가장 즐거운 방식일 수도 있다. 그 순간에 괴롭지 않으면서 (가능하면 즐거우면서), 중장기적으로 나를 더 사랑할 수 있게 도와주고 약간의 성취감을 주는 활동의 범주와 시간을 넓혀가다 보면 자연스럽게 삶에 도움이 되는 취미, 삶의 균형을 가져다주는 시간, 그리고 나를 더 사랑하고 나의 컨디션을 지켜주는 루틴이 생길 것이다. 그리고 그 루틴은 더 활동적이고 효율성 높은 매뉴얼이 되어 단단한 일상을 만들어줄 것이다.

하루하루 일을 하다 보면 크고 작게 화가 나는 일들이 참 많다. 함께 일하던 동료가 갑자기 퇴사를 하겠다는데 대안은 없고, 중요한 업무의 마감은 물밀듯이 닥쳐와 캘린더를 가득 채우고, 마침 최선을 다했던 프로젝트의 성과가 썩 좋지 않다는 결과까지 마주하고 나면 숨이 턱 막혀온다. 이러한 순간에 스스로의 마음을 잘 다룰 수 있다는 것은 엄청난 자신감이 된다. 우울하고 숨 막히는 기분이 오래 머무르지 않도록 자신을 관리하는 레시피를 치열하게 만들고 실천하는 것이, 스트레스 많은 현실을 견뎌내는 무기가 되지 않을까.

Chapter 6

하버드에서 가장
인기 있는 강의

인생은 협상이다

협상은 이기고 지는 것이 아니라
테이블에 앉은 모두가 가져갈
파이의 크기를 키우는 것이다.

하버드 비즈니스 스쿨은 연간 100개 이상의 강좌를 개설하는데 2학년이 되면 학생들은 자유롭게 원하는 수업을 선택해서 수강한다. 개성도 니즈도 뚜렷한 HBS 학생들이지만 이들 사이에서도 '올 타임 베스트All time best'라 불리는 최고 인기 강의가 있기 마련이다. 근 십 년간 가장 큰 사랑을 받은 강의는 바로 '협상Negotiation' 수업이다. HBS 역사상 가장 많은 학생들이 수강한 강의이자 가장 높은 평가를 받아온 이 강의는 협상의 이론과 실전 연습을 아우르는 커리큘럼으로 구성되어 있다.

학생들이 협상 수업에 주목하는 이유는 다양하다. 기업 인수 합병 전문가로서 꼭 필요한 소양이라고 말하는 친구들도 있는가 하면, 배우자와의 협상을 통해 집안일을 지혜롭게 배분하기 위함이라는 등 일상의 관계를 위해서라고 답하는 친구도 있다. 수강의 이유는 제각각이지만, 저변에는 '헌법을 제외한 모든 것이 협상'이라는 정서가 깔려 있다. 세상에 협상 없이 이루어지는 의사결정은 없고, 게임에서 유리한 고지를 차지하기 위해서는 협상의 요소를 적절하게 활용해야 살아남을 수 있다는 것을 모두가 본능적으로 이해하고 있는 셈이다.

협상의 장으로

HBS 학생들은 더 많은 영역을 협상의 장으로 이끌어내는 것을 미덕으로 삼는다. 협상은 기존의 형식을 벗어나, 커뮤니케이션을 통해 더 유리한 결과를 만들어내기 위한 '비즈니스 태도'이기 때문이다.

모든 것은 케이스 바이 케이스case by case이다. 우리가 쉽게 '원칙'이라고 하는 것들도 사실 임의로 만들어진 가벼운 규칙이거나, 의례적인 관습에 불과한 경우일 수 있다. 따라서 별 고민 없이 만들어진 관례를 근거로 불합리한 대우를 받거나, 불리한 조건을 수용할 이유는 없다. 무조건적으로 수용하기보다는 적극적인 자세로 가장 유리한 조건이 무엇인지 늘 고민하고 분석해야 한다.

이는 이러한 것까지 협상의 대상이 될 수 있나 싶은 것도 짚고 넘어가야 한다는 의미다. 연봉이나 부서 이동 같은 커리어의 핵심이 되는 영역 외에도 근무 조건, 업무 스타일, 커뮤니케이션 툴을 결정하는 것까지 모두 적극적으로 제안한다. 일상생활에서도 마찬가지다. 예를 들어 여행지에서 머무를 곳을 정할 때도 숙박업소 주인과 거래를 하는 것이다. 숙박부터 식사, 관광지 안내, 교통편 제공 등 상대가 제공해줄 수 있는 모든 서비스를 일목요연하게 정리하고 어떤 구성으로 패키징할 때 가장 큰 경제적, 편의적 효용을 가져올 수 있는지 고민해본다.

하이 컨텍스트High-Context 사회라고 불리는 한국에서는 굳이 개인이 먼저 협상을 주도하지 않아도 어련히 주변에서 인정해줄 것이라는 사회적 합의가 있었다. 이웃과 친구들이 자연스럽게 공동의 이익을 지킬 수 있다는 믿음도 있었다. 하지만 안타깝게도 이해관계가 복잡해지고, 개인과 공동체의 이익이 상반되는 일이 잦아지면서 '나 자신을 위한 협상' 없이도 합당한 보상을 받을 수 있는 시대는 지났다. 수많은 사람이 함께 일할 수밖에 없고, 업무의 난이도가 높아지며 책임 소재를 가늠하는 것이 어려워졌다. 자기 PR이 필수 덕목처럼 여겨지며 스스로를 브랜딩하는 것을 두려워하지 않는 사람들도 늘어났다. 이런 시대에 협상의 장에서 제 실력을 발휘하지 못하면, 눈 뜨고 코 베이는 상황을 맞이할 수밖에 없는 것이다.

따라서 점심 식사 메뉴를 정하는 소소한 결정부터 본인이 영위하던 사업을 매각하는 중대한 결정에 이르기까지, 두려움 없이 딜을 던지고, 반격하고, 역제안하며 원하는 바를 얻고자 최선을 다해야 하는 것이다.

어떤 스타일의 협상가인가

HBS의 협상 수업은 자주 오해를 사곤 하는데, 많은 사람들이 이 수업을 통해 협상에서 이기는 법을 배운다고 생각한다. 또 '하버드'라는 브랜드에 걸맞은 협상의 필살기를 익히고, 실전에서 바로 활용할 수 있도록 특수부대처럼 철저한 훈련을 받는다고 생각하는 사람도 많다. 몇몇 미디어는 마치 HBS에서 가르치는 협상 기술이 어디에서나 활용 가능한 커뮤니케이션 기술이라고 착각하는 경우도 있다.

하지만 협상 수업에서 10주간의 트레이닝을 거치며 얻게 되는 첫 번째 덕목을 꼽으라면, 협상에 임하는 자세와 태도이다. HBS에서 협상 강의를 10년 이상 가르친 케빈 모한Kevin Mohan 교수는 협상장에 들어서기 전에 이미 성패는 어느 정도 결정되어 있다는 이야기를 여러 번 강조했다. 이는 단순히 준비의 중요성을 강조한 것이 아니라, 협상에 임하는 근본적인 마음가짐이 협상의 결과를 좌우한다는 의미이다.

협상에 대한 태도와 자세를 정립하는 첫 번째 단계는 각자 타고난 협상 스타일을 파악하는 것이다. 협상에 대한 적극성(얼마나 적극적으로 원하는 바를 주장할 것인가), 스스로 정한 윤리적 기준(어디까지 과장과 축소를 허용할 것인가), 커뮤니케이션 특성(어떤 방식으로 표현하고 말하는가)이 각자 다르기 때문에, 협상장에 들어서기 전에 이를 파악하는 것이 최우선되어야 한다.

자신이 스스로 어떤 사람인지 파악하고 있는 것 같지만, 들여다보면 평소의 커뮤니케이션 스타일과 협상장에서의 스타일이 상반된 경우가 많다. 그래서 실제 원하는 바를 마음에 품고 협상에 나서기 전까지는 본인이 어떤 협상자인지 알기 쉽지 않다.

협상 테이블에 앉기 전까지는 모두 절대적으로 정직하고 능동적으로 임하겠다고 호언장담하지만 실전에 가까운 치열한 모의 협상을 하다 보면 지금껏 경험하지 못했던 자신을 발견한다. 매번 협상의 끝을 알리는 알람이 울리는 순간이 되면, "이렇게 거칠게 목소리를 높여본 건 부부싸움 이후로 처음이야", "내가 이 정도까지 뒤통수를 칠 수 있는 사람인 줄은 몰랐어" 같은 탄식이 강의실을 가득 채우게 된다. 이런 경험을 거듭하며 협상장에서 본능적으로 나오는 태도, 이기고 졌을 때 감정의 동요 수준, 절체절명의 순간 무의식중에 나오는 커뮤니케이션 패턴, 용납할 수 있는 윤리적 한계를 각자 파악하게 된다.

학생 개개인이 협상 스타일을 이해한 후에야 비로소 갈등 상황을 분석하는 프레임워크를 익히고 커뮤니케이션 스킬도 더 정교히 가다듬는다. 다자간 협상, 팀별 협상, 적대적 협상 등 다양한 케이스를 경험하며 말을 아껴야 할 때와 몰아붙여야 할 때, 감정을 드러내야 할 때와 포커페이스를 유지해야 할 때, 신뢰를 쌓기 위해 선택해야 하는 단어와 문장을 체화화한다.

HBS가 가르치는 협상론은 특별한 기술이 아니다. 협상은 맥락과 상대에 따라서 천차만별로 달라질 수밖에 없고, 만능키는 존재하지 않는다. 상황별로 특화된 기술을 단기간에 체득한다는 것 또한 현실적이지 않다. 이보다 더 중요한 것은, 자신을 포함한 협상에 참여하는 플레이어 모두의 스타일을 이해하고, 미리 준비하는 태도이다. 이 태도는 협상력의 코어 근육으로 자리 잡아 HBS 학생들이 협상을 두려워하지 않는 자신감의 원천이 된다.

잊지 못할 패배의 순간

협상의 승패는 성적과는 무관하지만, 하버드의 협상 수업은 만만치 않다. 매번 협상이 끝나면 결과에 따라 순위가 발표되고, 매 협상 결과가 합산되어 학기 말에 1등을 뽑는 이벤트가 있기 때문이다. 상품이라고 해봐야 교수님과의 식사 정도이지만 이를 위해 학생들 사이에서 늘 치열한 신경전이 오가기 마련이다. 친하게 지냈던 친구의 격정적인 면모를 처음 목격하기도 하고, 가차 없이 속고 속아보기도 하면서 협상의 과정을 체화해간다.

가장 기억에 남았던 협상은 내가 가장 장렬하게 패배했던 협상이었다. 내가 맡은 역할은 콘텐츠를 저렴하게 구매해야 하는 방송사의 임원으로 다른 방송사 및 판매의 주체인 콘텐츠 제작사와 치열한 협상을 벌여야 했다. 나는 무조건 저렴하게 콘텐츠 구입해야 한다는 압박에 가격을 깎는 데만 열중했고 그러다 보니 협상은 결렬되고 말았다. 그런데 사실은 콘텐츠의 일부만 구매하는 옵션, 콘텐츠를 구매한 후 다른 방송사에 재판매하는 옵션 등 다양한 비즈니스 모델 혹은 판매 방식과 결합하는 것을 통해 추가적인 수입을 창출할 수 있었다. 하나의 협상이 단순히 이기고 지는 데 그치지 않고, 추가적인 사업 기회를 모색하는 계기가 될 수도 있다는 사실을 깨달으며 종합적으로 얻는 이득의 크기를 계산하지 못한 것이 패인이었다.

스스로 모의 협상이란 걸 알면서도 감정의 동요를 어찌하지 못하고 발끈했던 것도 민망한 기억이자 추억이다. "노 코멘트No comment"라는 말을 거듭하며 수비적인 전략을 취한 카운터파트가 모든 제안에 대해 수동적으로 대응하자 마음속에 남아 있던 응어리가 폭발하면서 버럭 화를 내기도 했다. 모의 협상임에도 감정 동요를 컨트롤하지 못했다는 사실이 부끄러우면서도, 이곳이 진짜 협상장이 아니라는 사실이 한편으로는 다행스럽기도 했다.

학생들은 강의실에서 배우고 익힌 협상의 태도와 방법을 일상생활에서도 적용하고자 하는데, 특히 이 트레이닝이 빛을 발하는 순간은 가까운 사람과 갈등이 있을 때다. 신뢰하는 동료, 존경하는 상사, 사랑하는 연인, 오랜 친구와 원하는 바가 다를 때 적극적으로 협상을 제안한다.

가까운 사람들과 협상을 할 때 가장 중요한 부분은 협상의 목적을 잊지 않는 것이다. 당신은 협상의 목적은 무엇이라고 생각하는가? 협상의 목적은 테이블에 앉은 모두가 가져갈 파이의 크기를 키우는 것이다. 협상의 목적은 상대의 몰락이 아니며, 협상의 끝은 제로섬이 아니다. 협상 상대와 언제든 다시 만날 수 있다는 사실을 기억하는 것이 무엇보다 중요하다. 협상은 단순히 상대를 이기는 것이 목표가 아니라 자신이 원하는 바를 얻기 위한 수단임을 잊지 말자.

WHY에서 출발해서

더 공격적인 협상의 경우 협상 프로들의 사고는 '와이(Why)'에서 출발한다. 가장 먼저 주어진 조건이나 여건이 어떤 기준으로 책정된 것인지에 대해 질문을 한다. 만약 합리적인 기준으로 의사결정이 이어졌고, 협상을 통해 얻을 수 있는 득보다 쏟아부어야 하는 에너지가 크다면, 과감하게 협상을 포기하는 경우도 있다.

만약 협상을 통해 얻어낼 것이 있다고 판단하면 철저한 사전 분석에 많은 시간을 투자한다. 상대방의 중장기적 플랜은 무엇인지, 현재 가지고 있는 자원은 어느 정도인지, 협상 건의 중요도를 어떻게 설정했는지에 대한 정보를 취합한다. 상대방의 커뮤니케이션 스타일이나 의사결정 속도에 대해서도 알아본다. 더불어 협상을 진행하는 와중에도 더 좋은 대안이 있는지 끝까지 찾아보는 여유를 절대 사수한다.

모든 학생들이 협상의 기술을 총동원하는 시기는 졸업을 앞두고 새로운 직장에서 연봉협상에 임할 때다. 구직자가 '을'로 여겨지기 쉬운 상황이지만, 기업의 니즈를 집요하게 파헤치고, 스스로의 역량을 매력적으로 포장하며, 합리적인 처우를 목표로 한다. 그렇다고 연봉을 최대치로 높이는 것을 절대적인 목표로 삼으라는 의미는 아니다. 협상의 목표는 '가치 창출Value Creation'인 만큼 함께 일하게 될 조직과의 장기적 핏fit을 고려하며, 서로 서운하지 않을 영역을 모색하는 것이다.

나의 세 가지 협상 원칙

스스로 정한 협상의 원칙을 마음에 깊이 새길수록, 노 딜 No-Deal을 두려워하지 않는 용기가 싹튼다. 내가 만든 협상의 원칙 중 몇 가지를 소개하자면 이렇다.

먼저, 거짓말을 하지 않는다. 50명이 채 되지 않는 학생들과 한 학기 내내 협상을 하다 보면, 협상 파트너가 겹치기도 한다. 이때 한 번 속은 친구에게는 그다음에도 좀처럼 믿음이 가지 않는다. 한 번의 거짓말이 협상장에서의 신뢰를 완전히 붕괴시키는 모습을 보면서 단기적 이익에 취해 함부로 이야기하지 않기로 결심했다.

두 번째는 충분한 사전조사가 이루어지지 않은 상황에서는 절대 선제안을 하지 않는다. 매사에 적극적이고 능동적인 HBS 학생들은 협상장에서도 상대방보다 먼저 카드를 꺼내는 경우가 많다. 과거에는 먼저 제안을 하는 것이 나에게 유리하다고 생각할 때도 있었지만, 말을 아끼고 기다리는 것이 가장 무서운 전략이 될 수 있다는 사실을 여러 경험을 통해서 깨달았기에 정한 원칙이다.

세 번째로는 협상의 목표를 단기적인 승리로 정의하지 않는 것이다. 최소한 2~3년, 조직 전체의 득실을 기준으로 성패를 결정하기로 다짐했다. 기업의 경영이나 나의 안위가 100미터 단거리 달리기처럼 당장 승부를 볼 수 있는 것이 아니라는 사실을 잊지 않는 것이다.

이밖에도 다자 협상 때의 태도, 커뮤니케이션 방식에 있어서 지켜야 할 매너의 기준 등을 정하고 나니 마음이 편해졌다. 협상에 참여하는 당사자가 세 명을 넘어가는 다자 협상의 경우 우군과 아군을 나누는 것이 지금까지 나의 일반적인 패턴이었다. 이를테면 세 명의 사람이 협상 테이블에 모여 있다면 확인 가능한 수준의 정보를 득하고, A 혹은 B를 내 편으로 끌어들여 영향력을 확보하고 협상의 헤게모니를 장악하는 식이었다. 이긴다는 것이 무엇보다 중요했고, 이긴다고 함은 확실하고 강력한 동맹을 확보하는 것이 필요조건이라고 생각했기 때문이다.

하지만 다양한 협상을 경험하면서 결국 핵심적인 요소는 다수의 참여자가 모두 손해를 보지 않는 구조를 만들기 위해 최선의 노력을 다해야 한다는 사실을 깨달았다. 단순한 경쟁이나 대결 구도로 협상의 방식을 단순화할 것이 아니라, 각 참여자의 상세한 니즈를 파악하고 약간의 양보를 감수하는 것. 그리고 그 약간의 양보를 상쇄할만한 좋은 결과를 다자간 확보할 수 있는 것을 목표로 해야겠다는 생각이 뚜렷해졌다. 그동안 협상을 정치의 도구로 활용했다면, 이제야 진정한 가치 창출의 수단으로 바라보게 된 것이다.

진정한 승자

편의점에 들어가면 원하는 물건이 없어도 음료수라도 한 캔 사서 나오게 되는 것처럼, 협상장에 서게 되면 도장을 찍어야 한다는 압박감을 느끼게 된다. 하지만 실제로 HBS에서 다루는 케이스에서는 '협상을 포기하는 것'이 모두에게 가장 이득이 되는 경우도 있다. M&A에서 흔히 있는 '승자의 저주'가 대표적인 사례이다. 승리에 도취되어 있으면 경쟁자를 이기는 데 목적을 둔 협상을 진행하게 되고, 결국 내부적으로 정해 둔 바텀 라인bottom line을 넘는 경우가 발생한다. 이때 과감하게 발을 빼고, 다음을 기약하는 것이 오히려 협상 프로의 기술이다. 대의를 위해 당장의 승리를 놓칠 수 있는 용기를 배우면서 HBS의 협상 수업은 막을 내린다.

협상은 괴롭다. 협상을 하기에 앞서서 철저히 검증하고 객관적인 가치를 가늠하는 과정이 일단 스트레스이다. 더불어 불 보듯 뻔한 갈등 국면을 받아들여야 한다는 것도 부담이다. 설득의 논리를 만들고 적절한 전략을 구상하는 것도 여간 번거로운 일이 아니다. 그럼에도 불구하고 원하는 것을 이루기 위해 불편한 리스크를 기꺼이 감수하고 노 딜에 대한 두려움을 극복하면서 HBS의 구성원들은 협상의 전문가가 되어간다.

직장에서 만나는 동료에게 과감하게 협상의 기술을 적용해보자. 처음에는 단순한 것부터 시작해도 좋다. 업무에서의 역할을 일부 조정한다거나, 스케줄을 조금 바꾸는 일부터 해보는 것이다. 의외로 별 대가 없이 내가 원하는 것을 취할 수도 있다.

그런 다음에는 희생할 수 있는 것과 꼭 얻고 싶은 것을 천칭에 올려 정말 원하는 것을 정의해보자. 주변에 나와 비슷한 입장에 있는 직장인들은 어떤 생각을 하고 있는지, 지금 소속된 조직과 유사한 환경인 곳에서는 어떤 방식으로 의사결정이 이루어져 있는지도 면밀히 살펴봐야 한다.

자, 이제 노 딜도 두렵지 않다는 확신이 들면 과감하게 테이블에 앉자. 그리고 요구하고, 얻어내자.

Chapter 7

마지막 한 끗

하버드 학생들의 최선은 무엇이 다른가

나의 최선이 정말 100퍼센트였는지는
감정이 아니라 데이터가 말하는 것이다.

HBS 학생들이 만들어낸 결과물을 보면 어딘지 모르겠지만 완성도가 높다라는 생각을 하게 된다. 식당 예약이나 여행 계획 같은 일상적인 일부터 큰 단위의 업무까지 그야말로 '심리스seamless' 하다는 인상을 지울 수 없다. 단지 '잘한다'를 넘어서는 '빈틈없다'는 표현이 더 적절할 것이다. 각종 소프트웨어의 진화로 핵심 인재들의 역량이 상향 평준화되고 있는 가운데, HBS 출신들의 차별화되는 지점을 굳이 하나 꼽자면, '한 끗'이 다르다는 것일지도 모른다.

'한 끗'은 두 가지를 의미한다. 먼저 첫 번째로는 완벽에 대한 높은 기준을 스스로 설정하는 태도이다. 최선을 다한다고 쉽게 말하지만 최선의 정의는 각자 다르기 때문이다. 두 번째는 자신이 정한 높은 기준에 도달하기 위해 실제로 많은 시간을 투자하는 것을 의미한다.

HBS 출신들은 완벽에 대한 기준을 육체적, 정신적 한계가 허용하는 최대치로 정한다. 누구나 최선을 다한다고 말하지만, 그 기준은 사람마다 다를 것이다. 어떤 학생들은 두 시간을 공부하고도 최선을 다해 준비했다고 하지만, 또 다른 학생들은 최선을 다했다고 말하기 위해서는 밤을 지새워야 한다고 생각한다. 자신에게 주어진 물리적 여유를 모두 활용해야만 한다. 주어진 모든 시간과 에너지, 네트워크, 리소스를 활용했을 때 비로소 최선을 다했다고 스스로 평가하는 것이다.

최선을 기록하는 법

많은 학생들은 보다 완성도 높은 결과물을 만들어 내기 위해 꼼꼼하게 기록하고, 엄격하게 정량화한다. 느낌에 의존하지 않고 스스로 한 일을 객관적으로 살피고 기억하기 위해서 자칫 잊기 쉬운 정보를 남겨두고, 일상적으로 일어나는 일도 데이터베이스로 정리하는 것이다. 이들이 체계적으로 현상을 기억하고 파악하기 위해 들이는 노력은 때로는 나의 상상을 뛰어넘기도 했다.

한 친구는 미팅에 참여하고 나면 즉시 그 미팅에 대한 회고록을 작성했다. 미팅에서의 논의 내용과 결론, 성취한 바를 상세하게 기록하고, 더 나아가 미팅 소회를 남기는 것이다. 특히 본인이 미팅에서 어떤 퍼포먼스를 보였으며 함께 참여한 동료들의 피드백은 어떠했는지 점수화한 과정은 꼼꼼함의 정수를 보여줬다. 자료 준비, 사전 커뮤니케이션, 경청, 프레젠테이션 등 미팅의 성패를 좌우하는 주요 항목을 정하고, 각 항목별 평가를 매번 거듭하며, 자가 점검을 게을리하지 않는 모습은 경이로울 정도였다.

또 다른 친구는 어떤 업무에 어떻게 시간을 할애했는지를 정확하게 기록한다. 수능을 준비하는 학생들이 스탑워치를 활용해서 순 공부 시간을 기록하듯, 자신이 어떤 업무에 얼마나 시간을 활용했는지 기록을 남기는 것이다. 일주일에 한 번은 자신의 시간 사용 기록을 확인하면서 업무 효율성을 꾸준히 점검한다. 만약 덜 중요한 업무에 많은 시간을 사용했다면, 이를 개선하기 위해서 업무 순서나 방식을 바꾸기도 한다. 집중이 필요한 업무는 무조건 오전에 하고, 점심시간은 45분으로 한정하며, 오후에는 미팅을 하면서 주의를 환기시키는 식으로 본인의 바이오리듬에 맞는 최적의 업무 방식을 도출해내는 것이다.

인간의 기억은 편향성을 갖기 마련이다. 자신이 기억하고 싶은 것만 기억한다는 의미이다. 그래서 더 좋은 인간관계를 구축하기 위해서 기록을 더 적극적으로 활용하는 친구들도 있다. 누구와 언제 어떤 자리에서 식사를 하고 커피를 마셨는지까지도 기록하는 것이다. 만남을 정량화된 수치로 기록하는 것이 너무 비인간적이라거나 계산적이라고 평가하는 사람도 있다. 하지만 또 한편으로는 중요하고 소중한 사람들과 시간을 더 잘 보내기 위한 현명한 방법이라고 호평하는 사람도 있다.

기록하고 정량화하는 방법은 개인적으로 선택하면 그만이지만, 여기서의 핵심은 '최선을 다했다', '노력했다', '할 만큼 했다'는 자신의 감정이 말하는 바를 신뢰하기보다는, 자신이 실제로 행한 일을 기록하고 그 객관적 데이터를 검증하면서 '나의 최선'이 정말 100퍼센트였는지를 검증하는 태도를 갖는 데 있다.

팩트 폭격, 코멘트 버디들

완벽으로 나아가기 위해서는 기록과 정량화를 통해 객관화된 정보를 얻는 것도 중요하지만, 더 모난 곳을 가다듬고 흠 없는 결과물을 만들기 위해서는 주변의 도움이 필요하다. 특히 자신만만한 HBS 학생들에게 가장 필요한 것은 투명하고 신랄한 피드백이다. 학생들이 날카롭지만 건설적인 피드백을 주고받으며 비대해진 자존심을 제어하는 방법을 배우는 것은, 학교 차원에서 독려하는 일이기도 하다.

가장 많은 논의가 오가는 공간이 강의실인 만큼, 가장 많은 조언과 피드백이 오가는 장소도 강의실이다. 대부분의 학생들은 자신이 수업시간에 발언한 내용에 대해 적극적으로 피드백을 해주는 '코멘트 버디Comment Buddy'를 둔다. 사실 코멘트 버디는 학교에서 만든 시스템이 아니라, 학생들이 자치적으로 만든 시스템이다. HBS는 이렇게 학생들 스스로가 수업의 질을 높이고, 서로 피드백을 할 수 있는 건강한 문화를 만들기 위해 자체적인 룰을 만든다.

내가 속해 있던 섹션 B의 경우 코멘트 버디는 가까운 친구들보다는 자신과는 전혀 다른 배경을 지닌 친구들인 경우가 많았다. 이를테면 비미국 국적 학생International Student들에게는 미국 학생들이 배정되는 경우가 많고, 여학생들에게는 남학생들이 배치되는 것이 일반적이다. 자라온 환경과 문화, 전문 분야가 다른 친구들이 더 정확하면서 구체적이고, 날카로운 피드백을 제공할 수 있기 때문이다.

수업시간에 발언을 할 때마다 코멘트 버디는 다양한 관점에서 발언한 내용의 질적 수준과 커뮤니케이션 스타일을 평가해준다. 논리적 구성과 같은 근본적인 부분부터 템포나 뉘앙스 같은 세밀한 부분까지 면밀하게 관찰하고 개선해야 할 부분을 짚어주는 것이다.

솔직히 HBS 학생들에게 코멘트 버디는 편한 존재는 아니다. 나 역시 처음에는 확인하기 두려울 정도로 솔직하고 적나라한 코멘트 버디의 메시지가 불편했다. 스스로 부족한 점을 모르는 바가 아닌데 핵심을 날카롭게 찌르는 친구들의 날선 코멘트와 마주하다 보면 우울해지기도 하고 자존감도 떨어졌다. 하지만 사람은 적응의 동물이라는 말이 있지 않던가. 다소 신랄할지언정 악의 없이 나의 발전을 위해서 단어를 고르고 골라 조언을 거듭하는 친구들의 말을 반복하여 들으면서 마음의 여유가 생겼다. 상대를 곤란하게 하기 위해서나 깎아내리게 하기 위해서가 아니라 다른 이의 발전을 위해서 마음의 불편함을 감수하고 어려운 조언을 해준다고 생각하니 고마운 마음도 점차 커졌다.

또 평소에 팩트 폭격을 받는 만큼, 종종 긍정적인 피드백을 들으면 더할 나위 없이 기쁘기도 했다. 이렇게 건전한 조언에 익숙해지고, 근거 없는 비난과 건강한 비판을 구분할 수 있는 여유와 센스를 갖추면서, 코멘트 버디의 쪽지가 더 이상 두렵지 않게 되었다. 조언을 받아들이고 이를 직접 적용하면서 퍼포먼스가 나아졌음은 두말할 나위 없는 성과였다.

피드백 맷집을 키우다 보면

친구들의 신랄한 피드백 덕분에 나의 커뮤니케이션 스킬은 압도적으로 나아졌다. 나는 핵심 내용만 간결하게 말하다 보니 서론이 없어 스토리텔링이 약하다는 조언을 종종 들었다. 컨설턴트 시절 버릇이 나온 것이다. 이후 피드백을 받아들여 발표나 토론을 할 때 내러티브를 구성하고 기승전결이 드러나도록 이야기를 만들 수 있게 되었다. 영어에 대한 은근한 스트레스로 긴장감을 숨기지 못해 제스처가 과해지는 나쁜 습관도 점차 줄어들었다. 이 과정에서 때로는 말하는 것을 특기로 삼으며 직장생활을 해온 기간이 무색해질 만큼 의기소침해지기도 했지만, 결국 날카로운 조언을 기반으로 더 명료하고 흡인력 있는 내용을 전달할 수 있게 되었다.

피드백의 적극적인 활용은 강의실 밖을 벗어나도 어김없이 적용된다. 리크루팅이 절실해지는 시즌이 오면 서로 이력서와 커버 레터를 검토해주고, 때로는 신랄한 비판도 아끼지 않았다. 무슨 말을 하고 싶은지 전혀 이해할 수 없다면서 굳은 표정을 지으며 빨간펜으로 이력서를 첨삭해주는 친구도 있고, 인터뷰 준비가 안일하다며 왜 그 회사에 지원하고 싶은지 마인드맵을 그려보라고 화이트보드 앞으로 나를 이끈 친구도 있었다. 우연히 내 링크드인LinkedIn 프로필을 본 한 친구는 당장 더 근사하게 프로필 페이지를 꾸며야 한다며, 수정해야 할 리스트를 적어주기도 했다.

미국판 자기소개서인 커버 레터Cover Letter를 검토하며, 나의 어휘력을 날카롭게 평가해주는 친구도 있었다. '정확함'과 '적확함', '효과성'과 '효율성'처럼 비슷해 보이지만 서로 다른 단어를 혼용하여 사용하는 것이 얼마나 무식해 보이는지 아느냐며 혼쭐이 나기도 했다.

이렇게 끝없는 피드백의 굴레에서 단련되다 보면, 애정 어린 충고와 맥락 없는 비판을 구분할 수 있는 영민함을 갖추게 된다. 부모님에게도 제대로 혼나본 적이 없었는데, 학교에 와서 친구한테 혼이 난다는 우스갯소리가 캠퍼스에 만연하지만, 그 끝에는 성장이 있음을 알기에 과정을 만끽할 수 있는 셈이다. 더 나아가 표현 방식이 아무리 직설적이더라도, 정확한 피드백이라면 마음의 상처 없이 수용할 수 있게 된다.

맷집을 한껏 키운 후에는 더 다양한 피드백에 스스로를

노출시키는 노력도 자연스럽게 더해진다. 다른 업종이나 문화권에서 온 친구들의 조언을 참조하며 상황에 맞게 콘텐츠를 구성하고 표현하는 방법에 대해서 익혀가는 것이다. 다양한 눈과 귀를 거치며, 결과물에 대해 '모두 오케이!'라고 할 때까지 검수를 거듭하다 보면 가장 완벽에 가까운 결과물을 얻어낼 수 있다.

반복과 겸손

피드백을 한 번 받았다고 해서 퍼펙션perfection에 가까워지는 것은 아니다. HBS는 교수들조차 더 완벽한 전달을 위해서 밤늦게 텅 빈 강의실에서 리허설을 하는 학교이다. 학생들이 모두 교실을 떠난 시간, 교수님이 슬쩍 강의실에 들어와서 공연을 앞둔 연극배우처럼 수업을 한번 미리 진행해보는 것은 낯선 풍경은 아니다.

물론 학생들은 이보다 더한 리허설 과정을 거친다. 기업 면접을 준비하는 시즌에는 수십 명의 친구들에게 연락해 모의 면접을 보면서 실전 감각을 예리하게 가다듬는다. 중요한 에세이를 퇴고할 때에는 2주의 시간을 두고 매일 30분씩 검토한다. 같은 날 여러 번 퇴고를 하면 글이 눈에 익어 단순한 실수를 놓칠 수도 있기 때문이다.

또 다른 친구는 프레젠테이션을 앞두고 농담을 여섯 가지나 준비했다. 현장이 어떠한 분위기일지 예측할 수 없는 가운데 맥락에 맞는 농담을 던지기 위해서는 여러 패턴의 이야깃거리가 필요하다고 판단했기 때문이다.

연습을 견디는 일은 지루함을 견디는 것이다. 같은 행동을 반복하게 되면 필연적으로 권태의 늪에 빠지게 된다. 하지만 그 권태감을 이겨내며 쟁취한 작은 성취가 완벽한 결과물을 위해 꼭 필요한 경우가 많다.

권태감을 버티기 위해 중요한 것은 다름 아닌 겸손이다. 스스로 컨트롤할 수 없는 변수는 늘 맹수처럼 숨어 있기 마련이다. '만에 하나' 앞에서 개인이 얼마나 무력한지 기억하고, 플랜 B뿐 아니라 플랜 C, 플랜 D까지 준비한다. 자신의 순발력을 과신하기보다 반복과 준비를 거듭하면서 성공의 확률을 통계적으로 높여가는 것이다.

프로페셔널과 자기반성

최대한 목표로 했던 바를 이루기 위해 노력해야겠지만, 여의치 않은 상황에서는 누구나 타협의 유혹과 마주하게 된다. 그리고 어떤 상황에서는 과감하게 완벽주의적 태도를 내려놓고, 적당선에서 일을 마무리 지어야 하는 경우도 있다. HBS 학생들도 예외는 아니다. 시간에 쫓기고 상황에 떠밀려 스스로 정해놓은 기준에 못 미치는 상태에서 끝맺어야 할 때가 있다. 이런 상황에서 가장 중요한 것은 '완결'과 '반성'이다.

아무리 부끄러운 결과물이라도, 일단 시작한 것에 대한 결말을 스스로 짓는 것이 중요하다. 마무리가 흐지부지해지면 회고하거나 반성할 수조차 없기 때문이다. HBS에서 만난 많은 친구들은 아쉬움이 남을지언정 끝을 맺고, 부끄러운 결과물도 나의 것임을 인정하는 용기를 배운다. 더불어 스스로 타협했다는 사실을 인지하고 그 원인에 대해 돌아보는 태도를 기른다. 시간 배분의 문제였는지, 역량이 부족했는지, 협업 과정에서 이슈가 있었는지 등 최선의 결과를 도출하지 못한 원인을 분석하고, 숙고하는 시간을 갖는다.

단순히 잘하는 것을 넘어 마지막까지 완벽하게 마무리하기 위해 철저한 정량화와 분석, 가감 없는 피드백, 그리고 회고까지 최선을 다하는 HBS 학생들의 마음을 대변하듯, 한 친구가 한마디를 남겼다.

"99%는 미완성이야."

압도적으로 높은 기준치를 정하고 끊임없는 피드백을 통해 자기반성을 거듭하는 것. 비판을 두려워하지 않는 용기를 통해 얻은 수많은 조언을 체화하기 위해 반복을 거듭하는 것. 완벽을 향해 나아가기 위해서는 이 선순환이 지속되어야 한다. 인생의 모든 부분이 완벽할 필요는 없다. 다만, 스스로에게 가장 중요한 한 가지 목표를 달성하는 데 있어서는 완벽을 추구해보는 건 어떨까.

예를 들어 만약 이직을 원한다면 그 누가 봐도 논리적이며 매력적인 이력서와 경력 기술서를 쓰는 것을 작은 단위의 목표로 삼는 것이다. 이미 한 경험이야 바꿀 도리가 없지만, 적어도 경험의 기술 방식이나 문장의 구성은 얼마든지 개선할 수 있으니 말이다. 조금 쑥스럽더라도 주변의 조언을 받아들이고, 이를 성과물에 끊임없이 반영하면서 '더 나아질 수 없는 나의 결과물'을 하나 만들어보는 것이다. 이 결과물이 시장에 통용되는 경험을 한 번 하는 순간, 전혀 다른 차원의 프로페셔널로 성장해 있을 것이다.

문서화를 하는 것이 부담스럽다면 최근에 끝낸 결과물을 한번 펼쳐보자. 만약 내게 일주일의 시간이 더 주어졌다면, 한 명의 팀원이 더 있었더라면, 조금 더 좋은 컨디션이었다면, 조금 더 많은 예산을 할애할 수 있었다면 어땠을지 또 다른 완성본을 상상해보자. 스스로 만들어낼 수 있는 최상의 결과물을 구상하고, 구체적으로 머릿속에 그려보는 것만으로도 프로페셔널 공력이 한 번 더 업그레이드될 테니까.

Chapter 8

나는 어떤 원칙을 지닌 리더인가?

경영자 사관학교의 훈련법

"성공을 불러오는 이유와
안티를 끌어들이는 이유는 정확히 같다."

한국에서 일하던 때만 하더라도 회사에서 열심히 업무를 수행하고 연차가 쌓이면 당연히 승진을 하고 팀원이 생기며 리더가 된다고 생각했다. 해가 가면 나이를 먹듯 조직 생활을 계속하다 보면 자연스럽게 리더십을 함양할 수 있으리라 생각했던 것이다. 정치적 야심이 있거나 사회적 지위에 천착하는 편도 아닌데 철 지난 이론으로 가득 찬 리더십을 굳이 공부할 필요는 없다고 믿었다.

더불어 리더십에는 정답이 없는 법이고 새로운 세대의 등장에 따라 리더십의 본질적 역할이 다이내믹하게 변화하고 있으니, 리더십을 책으로 배우는 것은 무용하다고 생각했다. 피부색이나 키처럼 타고난 신체적 조건을 부정할 수 없듯이, 리더십도 타고난 성격의 일환인데 굳이 누군가를 본받거나 벤치마킹해야겠다는 생각이 들지 않았다. 시중에 나와 있는 리더십 교본은 리더를 위한 지침이라기보다는, 리더가 되고 싶은 사람들의 마음을 위로하는 목적으로 쓰여졌다는 오만한 생각을 품기도 했다.

나는 어떤 리더 스타일인가?

그런데 MBA 입학을 준비하면서 주변 선배들의 이야기를 들어보니 하버드 지원서Harvard Application를 작성할 때 가장 중요한 것은 자신의 리더십 경험을 얼마나 잘 표현하는가라고 했다. 즉, 리더십 경험과 역량이 핵심이었다. 리더십 사관학교라는 말은 익히 들어왔기 때문에 수년의 사회 경험을 반추하며 스스로의 리더십에 대한 고민을 시작했다. 섬김의 리더십, 베풂의 리더십, 카리스마 리더십 등 온갖 키워드를 조합해서 그럴듯한 이야기를 쓰고 지우기를 반복하다 결국 솔직해지기로 했다.

정직하게 커뮤니케이션을 하고, 진심으로 성장을 돕는다

는 것 외의 구체적인 리더십 방향성을 모르겠다는 고백으로 에세이를 마무리했다. 그 진심이 닿았는지 HBS에 합격 통지를 받았지만, 대체 MBA에서 어떻게 리더십을 학문이자 스킬로 가르친다는 것인지 감이 잡히지 않았다. 그리고 그 답은 2년간의 생활을 통해 아주 서서히 스며들듯 다가왔다.

HBS는 리더십에 가장 진심인 학교였다. 그렇기에 입학하기 전에 하는 필수 과제 중 하나가 '리더십 스타일 테스트 Leadership Style Test'다. 스스로 자가진단을 할 뿐만 아니라, 업무적으로 나를 겪어본 사람들과 사적인 삶을 함께하는 친구들도 테스트에 참여해야 하기 때문에 꽤 포괄적인 범주에서 리더십 스타일을 가늠할 수 있다. 나는 이러한 분석적 기법을 통해서 리더십 또한 체계적으로 측정되고 카테고리로 분류될 수 있음을 알게 되었다. 이 결과를 통해 스스로 생각보다 영향력에 민감하되 경제적 보상에는 둔감하고, 카리스마적인 리더십을 추구한다는 (생각지도 못했던) 결과를 얻기도 했다.

리더십 훈련법

리더십 진단을 시작으로 HBS 필수 커리큘럼을 통해 리더십의 이론적 바탕과 케이스를 익혀간다. HBS의 리더십 강의에서는 각종 이론과 스타일을 배울 것 같지만 사실은 다양한 문제 상황의 대처방법에 대해 함께 논의하는 것에 더 가깝다. 학교를 졸업하자마자 공장 현장에 배치받은 HBS 졸업생, 갑작스럽게 무슬림 국가에 배치된 대기업 임원, 하루아침에 도산 위기를 맞게 된 스타트업 대표, 큰 실패 끝에 구성원들의 신뢰를 잃고 다시 한 번 기회를 얻은 매니저 등 다양한 상황에서 어려움을 맞이하게 된 주인공들의 이야기를 듣고, '나였다면 어땠을까'를 함께 토론하는 식이다.

케이스의 주인공은 대부분 HBS의 졸업생인데, 각자 마주하는 고민이 다 다르다. 학교를 졸업하자마자 굴지의 글로벌 소비재 기업에 입사하지만, 첫 임무가 공장에서 프로세스를 최적화하는 업무인 케이스는 그중에서도 몹시 인상적이었다. 시골 한복판에 있는 공장에서 체계와 시스템이 미비한 가운데, 수백 명의 공장 근로자를 인솔하면서 생산성과 효율성을 극대화하는 미션을 받은 주인공이 좌충우돌하는 과정을 보면서 좋은 리더십이 무엇인지 고민하게 된다.

보통 이런 수업을 할 때면 수업 마지막에 실제 케이스의 주인공이 학교에 방문해, 케이스에는 쓰여지지 않은 비하인드 스토리나, 그 이후의 커리어 패스를 소개해주기도 한다. 수많은 HBS 출신 리더들이 경험한 난관을 듣다 보면, 말 그대로 간접적으로 온갖 종류의 고생을 경험하게 되는데 이 재미가 보통이 아니다.

배경도 스타일도 제각각인 만큼 강의실 안 토론에서 제기되는 이상적인 리더십과 그 리더십에 기반한 해결 방안도 제각각이다. 하지만 놀랍게도 사안별로 공통으로 제기되는 해결책이 있다. 리더십에 정답은 없을지언정 복잡한 상황에서 더 긍정적으로 작용할 수 있는 커뮤니케이션 방식이나 문제 해결 방식은 있기 마련이라는 점이다.

리더십 있는 학생을 학교가 선택하기도 하지만, 이렇게 학교 안에서 자연스럽게 리더십을 발휘하도록 이끄는 것이 이곳의 특징이다. HBS의 다양한 리더십 수업은 지속적인 노력과 훈련, 피드백과 개선을 통하여 리더십도 성장할 수 있음을 경험하게 해준다. 정말 높은 자리에 오르고 나서 사람을 관리하지 못해 실패하고, 유의미한 비전과 미션을 제안하지 못해 좌절하는 것을 미리 방지하기 위해서는, 긴 시간 동안 리더십을 갈고 닦아야 하는 것이다.

자발적 기획자들

놀랍게도 HBS는 생각보다 학생 자치가 잘 이루어지는 학교이다. 학교의 커리큘럼이 무척 타이트하게 운영되지만, 그 이상으로 학생들이 스스로 설계하는 프로그램이 캠퍼스 라이프의 상당 부분을 차지한다. 특히 HBS 생활의 중심이 되는 섹션Section(반), 클럽Club, 트렉Trek(단기 실습), 필드 트립Field Trip(단체 체험학습 혹은 여행)은 모두 학생들이 자체적으로 기획하고 운영한다.

내가 속해 있던 학생 자치 조직인 섹션 B는 한국계 미국인 여성이 의장President을 맡았다. 학내의 주요 안건을 의결하는 세나토르Senator는 흑인 남성이, 문화를 담당하는 컬쳐 렙

Culture Rep은 라틴계 여성이 맡았다. 다양한 문화적, 커리어적 배경을 갖고 있는 학생들이 융화될 수 있도록 이 리더십 그룹은 그야말로 수십 개의 테마를 갖춘 소셜 이벤트를 기획했다. 춘절에는 중국 친구들과 쿠키를 나눠 먹고, 추석에는 송편을 빚고, 인도 최대 명절 디왈리에는 함께 춤을 추고, 유대인 명절에는 함께 기부를 한다.

그중 백미라면, 역시 학생들이 직접 기획하는 여행 프로그램이다. 이스라엘, 팔레스타인, 사우디아라비아, 콜롬비아 등 쉽게 방문하기 어려운 나라에서 온 학생들이 자국을 HBS 학생들에게 알리고, 더 많은 배움을 함께하자는 뜻에서 현장 학습 프로그램을 기획하는 것이다.

각국의 기업과 정부의 스폰서를 받아 진행되는 기업 탐방, 각국의 대학생들과 토론하는 교류 프로그램, 역사 전문가가 리드하는 관광지 투어, 로컬들만 찾는 맛집 소개 등의 일정을 꾸리기도 한다. 한국인 후배 한 명은 한강 치맥, 양양 서핑, 북촌 산책, 한국 스타트업 탐방을 알차게 엮은 코리안 트렉Korea Trek을 만들어 성황리에 치르기도 했고, 나 또한 로컬 친구들의 안내를 받아 중남미 국가를 만끽하기도 했다.

이 프로그램을 통해 자신이 잘 알고 즐기는 것을 기꺼이 나누고, 이 과정을 조화롭게 추진하기 위해서 크고 작은 시도를 하는 친구들을 보며 리더십의 정의에 대해 다시 생각하게 됐다. 지위와 권위를 가지고 일사불란하게 조직을 이끄는 것이 통상적인 리더십이라면, 정보와 정성을 가지고 즐거움을 이끌어내는 것은 한 단계 더 나아간 기쁨의 리더십이라는 점을 배웠다.

언젠가 MBA 선배가 "MBA에서 제공하는 경험의 절반이 학교에서 오는 것이라면, 나머지 절반은 친구들로부터 온다"는 조언을 해준 적이 있다. 나는 그 선배의 말이 과장이 아님을 자발적 기획자인 친구들이 발휘한 리더십을 통해 매 순간 느낄 수 있었다.

하버드 선배들의 특별 강의

코로나19로 대면 수업의 비중이 줄어들며, '사람과 사람의 만남'이 중요한 리더십 교육에 타격이 있지는 않을지 걱정이 앞섰던 시기도 있었다. 하지만 HBS는 코로나 시기에 온라인 강의를 적극 활용하며, 도리어 리더십에 대해 배우고 토론할 기회를 확장시켰다. 글로벌 비즈니스의 최신 트렌드를 대표한다고 말해도 좋을 선배 경영인들의 세션을 듣고 토론하는 특별 강좌가 새로 개설된 것이다. 전 세계에서 기꺼이 후배들을 위해 시간을 내준 선배들의 이야기를 들으면서 배움의 그릇을 넓혀갈 수 있었다.

당시 페이스북Facebook의 COO 셰릴 샌드버그Sheryl Sandberg는 여성 리더로서 살아남는 법과 상대적인 소수자로 연대하는 법, 그리고 자신과 비슷한 사람을 돕는 법에 대해 이야기했다. 그는 자신의 저서 『린 인Lean In』에서 강조했던 바와 같이 여러 난관 가운데서도 야망을 숨기지 않고, 이를 쟁취하기 위해 달려들었던 자신의 경험과 인사이트를 공유해주었다.

금융업계에서 가장 영향력 있는 사모펀드 블랙스톤Blackstone의 창립자이자 CEO인 스티브 슈워츠만Steve Schwarzman은 직설적이고 솔직한 리더십의 모습을 보여주었다.

거대한 JP 모건JP Morgan을 그동안 강력한 리더십으로 이끌어온 제이미 다이먼Jamie Dimon 회장은 911 사태와 리먼 쇼크,

코로나 19 위기에 이르기까지 월가를 강타한 역사적 사건들과 위기를 헤쳐 나간 일련의 과정을 들려주었다. 다이먼의 강의를 들으면서 학생들 사이에서는 금융업의 윤리적 책임에 대해 여전히 소홀한 것이 아니냐는 목소리도 들린 한편, 큰 조직을 20년 가까이 이끌어온 것 자체에 대한 존경을 표하는 친구들도 있었다.

미트 롬니Mitt Romney는 컨설팅 회사에서 커리어를 시작해, 세계 최대 규모의 베인캐피털Bain Capital의 창업자가 되고, 매사추세츠주 주지사를 거쳐 2012년에는 마침내 공화당 대선 후보에까지 오른 인물이다. 그런 그가 리더에게 가장 중요한 것은 가족이나 가까운 사람들과의 관계를 통해 안정적인 마음을 갖는 것이라는 메시지를 던졌을 때는 놀라기도 했다. 그는 리더란 수많은 실패를 경험하기 마련이고, 결국 돌아가야 할 곳은 가족이라고 강조했다.

한 국가를 이끄는 것은 차원이 다른 노력이 필요할 것이다. 그리스의 키리아코스 미초타키스Kyriakos Mitsotakis 총리는 경제적 위기에 봉착한 그리스의 수반으로서 균형을 유지하는 방법에 대해서 이야기했다.

퀴비Quibi의 전 CEO 메그 휘트먼Meg Whitman은 IT 업계를 대표하는, 그렇지만 서로 성격이 다른 세 개의 기업 HP와 이베이Ebay, 퀴비를 이끌어온 경력의 소유자다. 제조업 기반의 HP와 글로벌 커머스 이베이를 성공적으로 이끌어온 그녀였지만, 숏폼 스트리밍 서비스를 하는 새로운 콘텐츠 사업 퀴비는 결국 실패하고 말았다. 당시 파란만장한 여정 가운데서도 자신의 원칙에 대해 담담하게 이야기하던 그녀의 모습이 기억에 남는다.

존 포레이John Foley는 당시 실내 사이클과 관련 콘텐츠를 생산하는 펠로톤Feloton을 창업하며 겪은 온갖 고생담을 흥미진진한 스토리텔링으로 풀어주었다. 초기에는 그가 직접 화장실 청소도 했다는 에피소드를 포함하여 많은 이야기들이 현실감 있게 다가왔다.

패션업계에 AI를 가장 먼저 도입한 혁신적 기업 스티치픽스Stitch Fix의 CEO인 카트리나 레이크Katrina Lake는 회사를 어떻게 창업하게 되었는지, 기술과 패션의 융합을 통해 어떤 가치를 창출하는지에 대해 상세한 이야기를 들려주었다. 스티치픽스 서비스를 이용하면, 고객은 본인이 원하는 스타일을 지정하게 되고 이에 맞는 옷 샘플들이 도착하게 된다. 고객들은 그중에서 원하는 옷만 구매할 수 있다. 말하자면 집에 찾아오는 편집숍인 셈이다. 그는 또한 조직이 커지면서 겪은 어려움, 여성 리더로서의 고충도 함께 나눴다.

당시 온라인으로 강연을 듣고 있던 나는 중간중간 와인을 슬쩍 마셨고, 그 모습을 인스타그램 스토리에 포스팅했는데, 카트리나가 그 스토리를 리포스팅하기도 했다. 이것이 학부 수업과는 다른 MBA의 묘미가 아니겠는가!

그 외에도 그랩Grab 공동 창립자 앤서니 탄Anthony Tan과 전미 농구협회 COO인 마크 타툼Mark Tatum, TPG 라이즈TPG Rise 의 공동 매니징 파트너 마야 코런겔Maya Chorengel이 자신의 경험과 인사이트를 들려주었다.

내가 HBS에서 만난 많은 리더들은 결코 성공을 과시하거나 도취되어 있지 않았다. 언제든 어려워질 수 있고, 언제든 넘어질 수 있고, 오늘의 찬사가 내일의 비난이 될 수 있으며, 자본시장과 미디어, 그리고 고객은 늘 잔인할 수 있다는 것을 잘 아는 사람들 같았다.

성공과 실패의 이유

이 특별한 강의에서는 오직 HBS 학생들에게만 공유되는 수업이니만큼 제법 솔직한 이야기가 오고 가게 된다. 초대된 연사는 성공의 정의, 리더십의 방식, 콤플렉스 극복법, 실패를 두려워하지 않는 노하우 등을 쉴 틈 없이 쏟아냈다. 미디어에서는 공개하지 않았던 리더들의 이야기를 듣고 나서는 친구들과 함께 모여 좋은 리더십이란 무엇인지, 나의 리더십은 어떤 스타일인지에 대해 냉정하게 평가해보는 시간을 갖는다.

리더십은 모방할 수 없다. 비즈니스가 과학이 아니라 아트라고 일컬어지는 데도 같은 이유가 적용될 것이다. 하지만 글로벌 리더라고 불리는 사람들의 이야기를 접하면서 공통적으로 느낀 점이 있다. 그들에게는 원칙에 대한 타협이 없다는 것이다. 이 리더십이 만사형통한 방식은 아니더라도, 일관성을 가지고 원칙을 지켜내는 모습이 지금의 그들을 만든 것이다. 두 번의 금융위기를 이겨낸 월가의 제이미 다이먼은 이렇게 말한다.

"성공을 불러오는 이유와 안티를 끌어들이는 이유는 정확히 같다(The same reason that brings success also attracts haters)."

유명한 선배들이 학교를 찾았지만 고작 일 년 만에 그들의 포지션에도 많은 변화가 있었다. 셰릴 샌드버그는 메타Meta를 떠났고, 최고의 패션 스타트업이라고 불리던 스티치픽스의 카트리나 레이크는 회사의 주가가 90퍼센트 폭락하는 상황에서, 새로운 동력을 찾기 위해 애쓰고 있다. 코로나19의 성장 신화라고 불리던 존 포레이는 경영 성과에 대한 비판을 받으며 결국 대표직에서 사임했다. HP와 이베이를 이끌며 IT업계 여성 CEO 중 가장 화려하고 오랜 경력을 자랑하던 메그 휘트먼은 고작 일 년여 만에 수천억의 투자를 받은 퀴비의 대표직을 내려놓았으며, 서비스는 중단되었다.

그래서 HBS 리더십 수업의 마지막 교훈은 리더로서 늘 조직과 함께 진화해야 한다는 것이다. 대부분의 경우 시장의 변화, 사업의 성장, 조직의 확대를 개인이 좇아가지 못해 실패하는 경우가 많다. 같은 이유로 미움받고, 또 같은 이유로 존경과 사랑을 받는 리더일지라도 그 그릇의 크기는 끊임없이 키워가야 함을 시간이 지날수록 되새긴다.

나의 하버드 리플렉션

아직 대단한 리더의 포지션에 오르지 않았는데, 미리 '나만의 리더십 원칙'을 세워서 무슨 수가 있겠느냐 싶지만 리더가 되고 나서 원칙을 세우면 늦는다. 내가 어떤 리더십을 성향적으로 타고났으며, 궁극적으로 원하는 리더상은 어떤 것인지에 대한 고민은 미리 해두어야 한다.

이 과정에서 HBS에서 가장 열심히 훈련하는 것은 리플렉션reflection을 쓰는 것이다. 리플렉션은 소감문과 반성문, 일기와 에세이 그즈음에 있는 글쓰기 방식을 의미한다. 학생들은 수업을 들을 때, 토론을 할 때, 무언가 낯선 도전을 할 때마다 A4 용지 1~2페이지에 달하는 내용을 작성할 것을 요구받는다.

사실 잘 이해가 가지 않았다. 중학생도 아닌데, 이렇게 매번 소감을 제출하는 것이 무슨 의미가 있을까 싶었던 것도 사실이다. 그렇게 처음에는 학교에서 시키니 형식적으로 리플렉션을 채워 넣었다. 그런데 억지로라도 스스로의 말과 행동을 돌이켜보는 글을 계속 쓰다 보니 내가 반복적으로 실패하는 패턴, 후회하는 지점, 아쉬움을 남기는 언행이 눈에 띄기 시작했다.

리플렉션 과정에서는 먼저 인지의 과정을 구체적으로 명문화하는 것이 중요하다. 무엇을 배웠는지, 무엇을 느꼈는지, 그 과정에서 새롭게 알게 된 정보와 깨달음을 구체화하는 것이다. 그 후에 필연적으로 연결되는 것은 반성이다. 스스로 반성하는 과정에서 무엇을 잘했고 무엇을 잘못했는지 이해하게 된다.

문제를 인식하는 방식, 인식한 문제를 글로 옮기고 체계화하는 트레이닝, 그리고 이것을 나누면서 잘못된 점을 분명히 짚어간다는 것이 HBS에서 배우는 리더십의 기초이다. 이 과정을 통해 확실하게 스스로 용납할 수 있는 자신의 모습과, 남들과 함께 회한을 나눌 때의 자신의 특성을 익히게 된다. 이를 반복하다 보면 어느새 스스로의 리더십이 어떤 모습일지 파악하게 된다.

경영자 리플렉션

이러한 일련의 과정을 통해서 나 역시 스스로의 리더십에 대해 깨달은 바가 있다. HBS 입학 전에 컨설팅 회사에서는 대기업을 이끄는 중역들과 함께 일하며 간접적으로 배운 바가 있고, 스타트업에서는 20명이 넘는 팀을 이끌었던 적도 있지만 좋은 리더십에 대한 정의를 내리는 것은 여전히 어려웠다.

그런데 HBS에서 강조한 리플렉션의 과정을 통해 나의 리더십, 나의 커뮤니케이션 방식을 재점검할 수 있었다. HBS에서는 내 역할을 마치고 나면 자연스럽게 스스로 반성하는 시간을 갖고, 모여 서로 허심탄회하게 무엇이 잘되었고, 무엇이 잘못되었는지 논의하는 시간을 갖는다. 스타트업에서 여러 가설을 설정하고, 다양한 시도를 하고, 그 테스트 결과를 끊임없이 회고하면서 조금 더 나은 방향성을 발견하듯, 개인의 리더십 성장에도 리플렉션의 과정을 통해 그 프로세스를 거듭하는 것이다.

이 시간을 거치면서 나는 나 자신이 안정된 상황보다는

다채롭고 변동성이 큰, 즉 다이내믹한 환경에서 더욱 빛을 발하는 사람이라는 점을 깨닫게 되었다.

현재 나는 400명이 넘는 동료들을 이끌며, 스타트업 경영진으로서 도전과 실패를 거듭하고 있다. 중요한 의사결정과 마주할 때마다 나는 리플렉션과 애플리케이션을 거듭하며 적용하는 연습을 하고 있다. 나의 리플렉션 페이퍼에는 늘 새로 마주한 문제가 쓰이고, 조직을 이끌며 경험한 크고 작은 실패와 좌절이 남으며, 다시는 같은 실수를 반복하지 않겠다는 다짐이 담긴다. 다시 읽어보면 매번 같은데 또 다른 회고를 거듭하며 조금 더 나은 리더가 되고자 하는 마음을 다잡게 된다.

Chapter 9

지식을 넘어 철학을 지닌 경영자가 되기 위해

감옥에 가지 않는 법을 배우는 학교

"단순히 법을 지키는 리더가 되지 마십시오.
법의 근간에 있는 의도를 준수하는,
상식과 정의를 지키는 리더가 되지 않는다면
우리는 여러분을 교육하는 의미가 없습니다."

MBA와 경영학과에서 배우는 것이 무엇이 다르냐는 질문을 많이 받는다. 나는 배우는 내용이 같더라도 관점이 다르고, 관점이 다르기 때문에 학생들이 기억하는 내용도 다르다고 이야기한다. 이를테면 학부(경영학과)에서 배웠던 재무가 필요한 용어와 공식을 익히고 이해하는 데 주안점이 있었다면, MBA에서 배우는 재무는 재무적 정보를 해석하고 가공함으로써 궁극적으로 어떤 결정을 내릴 것인가에 대한 보다 확장된 프로세스에 집중한다.

마케팅도 마찬가지이다. 학부의 수업이 4P(상품Product, 가격Price, 유통Place, 판촉Promotion)와 같은 프레임워크를 익히는 데 집중되어 있다면, HBS에서는 기업에서 마케팅이 갖는 의미나 마케팅 전략의 방향성에 따라 중장기적으로 기업에 미치는 영향에 대해서 더 집중적으로 파고든다. 이처럼 단순한 경영학 지식을 넘어 경영학 철학을 갖추기 위해서는 조금 더 깊이 있는 고민과 토론이 수반되어야 한다.

경영자의 인테그리티

내가 경영학과 학부생으로 재학 중이던 시점에도, 기업의 사회적 책임이나 ESG 경영 등이 낯선 개념은 아니었다. 기업이라면 이윤 추구를 하되 최대한 사회의 공공선을 추구해야 하며, 이윤 추구 과정에서 공동체에 해악이 갈 만한 행위를 하는 것은 지양해야 한다는 것 정도는 잘 알고 있었다. 사회 초년생 시절 컨설턴트로 일하면서도 제안하는 내용의 사회적 함의에 대해 고민했던 것도 사실이다. 전략 컨설팅 회사에서 핀테크 스타트업으로 이직한 것도 금융 정보의 불투명성이나 비효율성을 개선해서 더 많은 소비자가 합리적인 금융 서비스를 더 다양한 방식으로 누려야 한다는 믿음이 있었기 때문이다.

HBS에 입학하기 전부터, 이곳이 '인테그리티Integrity'를 강조하고 있다는 사실을 잘 알고 있었다. 윤리경영에 대한 의지가 강하다는 것도 익히 들었던 바다. 하지만 입학을 하고 나니 HBS는 그야말로 '감옥에 가지 않는 법'을 가르치는 학교라고 해도 무방할 정도로, 경영에서 마주하는 첨예한 딜레마를 적극적으로 다루고, 노골적인 토론을 유도하며, 윤리경영을 학생들이 스스로 정의할 수 있도록 돕는다는 사실을 알 수 있었다. 특히 1학년 때 듣는 핵심 필수 과목 중 하나인 리더십과 기업의 책임LCA에서는 윤리적으로 흔들렸던 기업들과 경영자들의 사례를 다루면서, 그 치열한 고민의 과정을 함께 공유했다.

AI, 암호화폐, 블록체인, Web3, 메타버스 등 다양한 키워드가 유행하고, 많은 스타트업이 성패를 거듭하는 시장을 지켜보며, 과연 윤리적으로 돈을 번다는 것은 무엇이며 자본주의 시대를 살아가는 리더로서 고민의 깊이는 어디까지 닿아야 할지 거듭 토론하는 과정을 거쳤다. 토론의 결과가 때로는 지루할 정도로 뻔하더라도, 이 과정을 반복하며 학생들은 높은 윤리적 기준을 각인하게 된다.

HBS 최악의 사건, 엔론 사태

역사상 가장 충격적인 파산 중 하나는 한때 미국 7대 기업 중 하나였던 엔론Enron의 몰락일 것이다. 미국 굴지의 천연가스 기업이었던 엔론은 부채를 청산하는 과정에서 분식회계를 통해 투자자와 정부를 속이게 된다. 쉽게 말하면 장부를 조작해버린 것이다. 엔론의 부채는 유령 자회사로 넘어갔고 결국 파산하기 전까지 끊임없이 부채를 넘기다, 도미노 효과로 완전히 무너지게 된 것이다.

이 역대 최대 규모의 분식회계가 드러나고, 엔론이 파산하면서 당시 엔론사의 무능하고 부패한 경영진뿐만 아니라, 견실하게 회사에 다니던 무려 16만 명이 일시에 실업자로 전락하게 되었다. 이는 미국 자본주의 역사상 가장 충격적인 사건 중 하나로 기억되고 있다.

이 스캔들의 중심에 있던 엔론의 CEO 제프리 스킬링Jeffrey Skilling과 CFO 앤드류 패스토Andrew Fastow가 모두 HBS의 동문이라는 사실은 하버드 MBA에 큰 충격을 주었다. 아무리 능력이 뛰어난 인재를 키워낸다고 하더라도, 그들이 바른 윤리관을 지니고 있지 않다면 아무 의미가 없다는 사실이 새삼 증명되었다. 누군가에게 물리적 힘을 행사하는 범죄와 달리, 이러한 화이트칼라 범죄는 문서의 조작에서 시작되기 쉬우며, 그 개념을 명확히 이해하지 않으면 심각성을 과소평가하기 쉽다.

이 충격적인 사건 이래로 HBS는 이러한 실수를 막기 위해 그 어떤 교육기관보다도 철저하게 기업윤리와 경영윤리를 가르쳤고, 학생들은 이 과정에서 스스로 정직하고 투명한 경영에 대해서 고민하는 시간을 갖게 된다.

특히 리더십과 기업의 책임에 대해 배우는 LCA 필수 수업에서는 경영자가 맞닥뜨릴 수 있는 거의 모든 윤리적 딜레마를 케이스로 다루면서 솔직한 토론의 시간을 갖는다. FDA 승인을 받은 블록버스터급 의약품에 일부 마약성 부작용이 있다면, 법적으로 문제될 것은 없지만 소수자 인권을 침해할 여지가 있는 마케팅 캠페인이 폭발적 반응을 얻는다면, 투자를 집행할 때 활용한 정보의 출처가 불명확하다면 등 위법성은 갖지 않으나 도덕적으로는 문제가 될 수 있는 상황에서 어떠한 원칙을 가지고 행동해야 할지 솔직히 이야기를 주고

받으며, 학기 말에는 모두가 함께 한 결론에 이르게 된다.

"회색은 곧 흑색이다(Grey is Black)."

즉, 애매하게 여겨지는 영역에는 발도 들이지 말아야 한다는 사실이다.

감옥에 다녀온 올해의 CFO 조언

한 수업에는 실제로 사법적 처분을 받은 바 있는 전 엔론의 CFO 앤드류 패스토우가 방문하기도 했다. 세계 최고의 엘리트 코스를 거쳤으나 역대 최악의 금융사기범 중 하나로 꼽히는 인물을 구태여 수업에 초대하는 데에는 이유가 있다. 타산지석만큼 확실한 배움의 기회는 없기 때문이다.

한때 가장 유명했고, 많은 MBA 학생들의 롤모델이었던, 경영자로서 누릴 수 있는 부와 명예, 그리고 경험까지도 다 가지고 있었던 리더. 하지만 지금은 화이트칼라 범죄의 반면

교사 사례가 되어버린 선배를 맞이하는 교실의 분위기는 기대와 경계심이 공존했다. 더불어 성공과 몰락의 양면을 가진 그에 대한 호기심이 강의실을 가득 채웠다.

그는 우스갯소리로 포문을 열었다. 미국에서 매출 기준으로 일곱 번째로 꼽히는 회사의 CFO일 때는 아무도 자신을 찾지 않다가, 이제 감옥에 다녀오고 나니 대중들이 자신을 찾는다는 것이다. 그러면서 트로피 사진과 수인 신분 증명서를 보여주기도 하며 후배들에게 가장 불행했던 순간을 조심스럽게 고백한다. 같은 딜을 통해 올해의 CFO로 선정되었고, 불과 2년 뒤에 그 딜로 인해 연방형무소에 수감을 선고 받았다는 사실을 지금도 믿기지 않는 듯한 표정으로 이야기하면서도, 본인의 잘못은 확실히 인정했다.

그의 이야기를 듣다 보면 세상이 이렇게 허술할 수 있나 싶기도 하다. 종종 똑똑하고 오만한 사람들은 자신의 지식과 노하우로, 법망을 피해서 이득을 취할 수 있다는 착각에 빠진다. 그리고 이 착각은 전염성이 있어서 함께 일하는 많은 사람을 물들인다. 패스토우는 엔론에서 한 모든 딜(결국은 범죄)은 엔론의 회계사, 외부 감사 회계 법인, 엔론의 사내 변호사,

외부의 로펌, 거래 은행의 변호사, 엔론의 이사회가 모두 승인했었다며, 스스로를 속이기에 좋은 환경이었음을 고백한다. 그는 사업을 하면서 마주하게 되는 강력한 유혹이 있다면 언제든지 연락하라면서 개인 휴대전화 번호를 남겼다. 개인의 불명예를 후배들을 돕는 데 쓰고 싶다는 말로 마무리하면서.

이미 미국의 법정에서 시시비비가 가려진 사건이니만큼, 우리가 이를 평가하는 것은 무의미하다. 그는 명백한 죄인이다. 하지만 그의 이야기를 듣다 보면 문득 두려움이 밀려온다. '나라도 그랬을 수 있겠다' 싶은 것이다. 만약 사내 변호사와 회계사가 모두 법적인 문제가 없다고 말해준다면, 우리가 수백억의 자문료를 내고 있는 회계법인과 로펌에서도 큰 문제가 없을 것이라고 회신을 준다면, 그리고 나의 의사결정이 당장의 경영 위기를 미룰 수 있는 여유를 준다면. 과연 나는 정말 그 유혹을 이겨낼 수 있었을까. 교실을 맴도는 공기에 긴장감이 가득 차오르는 것도 그 순간이다. 우리 스스로에게 강제된 윤리적, 도덕적 원칙이 없다면 언제든 감옥에 갈 수 있겠다는 위기감이 공기를 팽팽하게 잡아당기는 것이다.

부정을 저지르거나 사기로 인해 감옥에 간 엘리트들의 고백을 접하면서 놀라웠던 점은, 당시에 자신은 적어도 범법행위를 하지 않는다는 확신을 가지고 있었다는 것이다. 그렇기 때문에 HBS의 강의실에서 끊임없이 강조하는 원칙은 하나이다.

"규칙을 지켰는지는 중요하지 않다. 규칙의 원칙과 의도를 따랐느냐가 중요할 뿐이다."

우리가 답해야 할 두 가지

우리는 결정적인 선택의 순간에 늘 두 가지 질문에 답해야 한다.

"나는 규칙을 따르고 있는가?"

"내가 하는 일은 상식적인 사람이 통상적인 환경 하에서, 합리적으로 하는 일인가?"

단 하나의 답변이 예스라고 하더라도 그 결정이 결코 정당화될 수 없음을 기억하자는 다짐을 거듭한다.

최근 일리노이주 제이 로버트 프리치커 주지사가 보유하고 있는 초호화 부동산 중 하나인 대저택에서 모든 화장실을 철거한 것이 문제가 되었다. 이렇게 화장실이 없는 건물은 법적으로 거주 불가능한 건물로 인정되고, 부동산 보유세가 대거 삭감되기 때문이다. 물론 자신이 보유하고 있는 저택의 화장실을 철거하는 것 자체가 위법은 아니다. 하지만 그 법의 근저에 있는 본질을 감안한다면 결코 떳떳한 행동이라고 볼 수는 없다.

단순히 범법행위가 아니더라도 법과 규칙이 요구하는 의도와 맥락을 벗어난 행동이라면 이는 비난을 피할 수 없을 뿐만 아니라 이로 인한 불이익이 발생한다고 하더라도 책임을 져야 한다.

이와 관련하여 강의 방식의 특성상 좀처럼 학생들에게 직접적인 조언을 하지 않는 교수님이 전한 메시지가 기억에 남는다.

"HBS를 졸업했다면, 감옥에 가지 않는 방법을 구상할 수 있습니다. 주변에 훌륭한 변호사도 많을 것이고 법망을 피해 가는 데 도가 튼 각 분야의 전문가를 고용하는 일도 그다지 어려운 일은 아닐는지도 모릅니다. 하지만 단순히 법을 지키는 리더가 되지 마십시오. 법의 근간에 있는 의도를 준수하는, 상식과 정의를 지키는 리더가 되지 않는다면 우리는 여러분을 교육하는 의미가 없습니다. 윤리와 도덕에 대한 부분이라면 일말의 타협도 해서는 안 됩니다."

주관과 아집이 한 끗 차이이듯, 유능과 사기도 멀리 있지 않음을 HBS에서는 끝없이 가르치고 있는 것이다.

나의 카드 내역을 공개할 수 있는가

같은 맥락에서 어떤 교수님은 HBS에서 배운 다른 모든 프레임워크는 잊더라도 부정 삼각형The Fraud Triangle은 잊지 말라는 조언을 해주셨다. 그만큼 중요하다는 의미이고, 또 그만

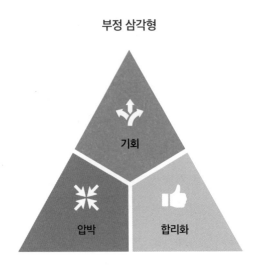

부정 삼각형

기회

압박

합리화

큼 유혹의 크기가 클 것이라는 우려의 표현이기도 하다.

부정 삼각형은 경제 사기 혹은 범죄가 이루어지는 데 수반되는 세 가지 조건인 기회Opportunity, 압박Pressure, 합리화Rationalization로 구성된다.

기회는 유혹의 시작이자 시스템적 한계를 의미한다. 법적 규정이 아직 만들어지지 않았거나, 규제의 적용이 타이트하지 않은 외부 환경을 뜻한다. 압박은 실적에 대한 압박, 성장에 대한 부담, 더욱 창의적이고 공격적인 경영 전략에 대한 기대를 모두 포괄한다.

마지막으로 합리화는 스스로를 정당화하는 일련의 과정을 뜻한다. HBS 학생들은 늘 기대에 순응하고 부응하며 성장해왔고, 또 똑똑한 만큼 논리적 징검다리를 만들어 정당화하는 데에도 능하다. 이러한 특성이 도덕적 경계선을 벗어나 버리는 순간 파멸적 결과를 이끌어낼 수도 있는 것이다.

HBS에서 직간접적으로 다양한 성공과 실패 사례를 엿보며 그 간극이 얼마나 작은지를 깨달았다. 더불어 큰 성공을 위해 달리는 것만큼이나 중요한 것은 스스로와의 약속을 지켜내는 것이라는 사실도 배웠다. 이 깨달음은 학생들만의 것이 아니라 다시는 글로벌 최고의 교육기관으로서 실수를 저지르지 않겠다는 학교의 다짐이기도 하다. 이 덕분인지, HBS를 졸업하고 법인카드를 쓸 때에도 한 번 더 고민하게 된다. 이 카드 내역을 과연 나는 모두에게 공개할 수 있을까. 청탁은커녕 부탁의 축에도 들지 못하는 사소한 배려를 할 때에도 상대의 진의를 한 번 더 따져본다.

블록체인 업계에서 명성을 떨치고 있는 HBS 동문인 친구가 내게 이런 말을 한 적이 있다.

"LCA 수업이 그래도 나를 구원한 것 같아."

법적으로 명백히 규정되지 않은 상황에서 큰 실수를 저지르지 않을 수 있었던 것은 완전하고 무결하게 합법적이며 도덕적인 일이 아니면 손을 대지 않겠다는 HBS에서의 트레이닝이 있었기 때문일 것이다.

나는 대단한 사람이 아니니까, 아무도 나의 성과에는 관심이 없으니까, 그래봤자 작은 실수니까 등의 이유로 마음이 조금이라도 불편한 의사결정을 하는 사람이 있다면 반드시 각성해야 할 것이다. 사소한 실수가 경영 프로페셔널로서의 양심을 갉아먹는 일이 없도록 감옥으로부터 온 편지를 한 번 더 되새겨보길 권한다.

Chapter 10

✦

다름을 통해
배우는 것들

샐러드 볼 안에서 가능성 찾기

나는 한 사람의 비범함은
실패와 상처에서 시작되며,
특별함은 고독과 소외에서 시작된다는
사실을 하버드에서 확인할 수 있었다.

MBA에 지원하는 학생들이 자주 언급하는 지원 동기 중 하나는 '더 큰 세상과의 만남' 혹은 '무한한 네트워킹의 기회'이다. 대부분 학생들은 다양한 사람들과 교제하며 자신의 세계관이 더 확장되길 기대하는 마음으로 캠퍼스를 찾는다. 캠퍼스에서 쌓아가는 우정은 이 기대가 구체화되는 특별한 경험이다.

다름을 경험할 수 있다는 것은 비교적 동질성 높은 사회에서 살아온 동아시아 학생들이 MBA를 진학하는 큰 이유이기도 하다. 나 또한 나와는 다른 인종의 친구들, 다른 국적의 클래스메이트들을 만나보고 싶다는 막연한 기대가 있었다. 하지만 그것은 너무나 단순한 발상이었다. HBS에서의 생활은 상상을 뛰어넘는 다양한 삶의 방식과 무게에 압도당하는 나날이 이어졌다.

자신의 다름을 드러내는 친구들

처음 하버드에 입학했을 때는 학교가 추구하는 인재상이 명확한 만큼 조금 더 추려진 집단에 입성했다는 생각도 들었다. 그런데 까다롭게 추리고 추려낸 학생들이 모인 HBS에 와서 가장 놀라운 점은 우리가 달라도 너무 다르다는 점이었다. 일관된 기준으로 학생을 모집하고 선발하는 학교라고는 믿기지 않을 정도로 모두의 삶의 궤적이 전혀 달랐다.

"나의 어머니는 필리핀, 아버지는 수단에서 온 이민자야. 하지만 딱히 부모님에 대한 기억은 없어. 굳이 설명하자면, 나는 여러 명의 양부모님 밑에서 자란 캘리포니아 사람이지. 내 삶에 엄마는 4명, 아빠는 6명이야. 정말 재미있지 않아? 조금 복잡하기는 하지만, 형제도 10명이 넘어. 아니 20명에 가깝던가. 그런데 이건 이것대로 참 재미있는 것 같아."

"나는 어릴 적에 노숙자로 살면서 거리를 떠돌았어. 나를 제외한 형제들은 어쩌다 보니 모두 감옥에 있어. 슬프지만 어쩌면 난 유일한 생존자야. 다행히 난 공부를 잘해 그럭저럭 좋은 대학을 졸업할 수 있었지. 덕분에 나는 사회적 약자들의 삶을 제대로 대변해야겠다는 뜻을 가진 사람이 되었어. 여전히 나도 우리 가족도 가난한데, 왜 나는 늘 돈보다는 숭고한 명분을 찾게 되는지 모르겠어."

"알다시피 우리 집은 대대로 부동산 개발업을 해왔어. 돈은 늘 많았고, 덕분에 제대로 쓸 수 있는 사람이 되었지. 늘 아버지보다 잘하고 싶다는 일념으로 살았는데, 종종 그 목표 의식이 일그러진 피해의식은 아닌지 고민해. 억지로 부동산과는 거리가 먼 회사로 취직을 했지만, MBA를 졸업하면 아버지가 해왔던 영역의 일을 시작하게 될 것 같아. 이 굴레는 뭘까?"

"나는 남자도 좋고 여자도 좋아. 그리고 나 스스로를 남자라고 생각하지도 않고, 여자라고 생각하지도 않아. 나는 성 정체성은 스펙트럼이라고 생각해. 어떤 규범으로 정의할 수 없다는 이야기이지. 감사하게도 우리 할머니는 내가 이러한 독특한 성 정체성을 갖고 있는 게 자랑스럽대. 한때 잘나갔던 뉴욕의 힙스터 출신다운 발상이지."

다양한 구성만큼이나 놀라웠던 점은, HBS 학생들은 자기 자신에 대해서 적나라하게 드러내놓고 이야기한다는 점이다. 학교에 모인 친구들은 부를 감추는 법도 없고, 가난을 부끄러워하거나 숨기지도 않았다. 자신의 아픈 기억을 과감하게 보여주기도 하고, 이제껏 거둬온 성취도 가감 없이 드러낸다. 좋아하고 싫어하는 것에 대해서도 분명하고 상세하게 설명했다. 한국에서 오랜 기간 살아온 나는, 동질성이 높은 집단을 경험해왔던 탓에 인종도 종교도 성적 지향도 가치관도 다른 친구들의 자기주장이 처음에는 당황스러웠던 것도 사실이다. 부족하다고 평가받을 것이 두려워 약점은 숨기고, 과시한다고 오해받을 것이 불편해 강점도 숨기면서 적당한 사회생활을 해왔던 찐 한국인에게 '다름의 전시회장' 같은 친구들과의 대화는 매번 충격적이었다.

거침없는 '마이 테이크'

HBS에 모인 학생들은 과감하고 솔직하게 자신을 드러내는 것을 시작으로 서로에게 다가간다. 슬픔은 나누면 약점이 되고, 약점은 나누면 배신의 씨앗이 된다는 말이 있다. 하지만 HBS라는 커뮤니티 안에서만큼은 부끄러움이나 민망함을 잠시 잊고 가장 날것의 자신을 드러낼 것을 적극 권장한다. 어쩌면 하버드가 지닌 가장 큰 장점은 이 커뮤니티에 속한 학생들이 서로에게 충분히 솔직해질 수 있는 신뢰의 문화다.

아마도 HBS를 졸업한 학생들이 가장 오랜 기간 기억하는 행사는 '마이 테이크My Take'가 아닐까 싶다. 마이 테이크는 말 그대로 하버드 학생들이 자신이 지금까지 인생을 살아오면서 경험하고 느낀 바를 공유하는 자리이다. 적게는 수십 명, 많게는 수백 명의 학생들이 청중이 되어 한 학생의 인생고백에 귀를 기울인다. 스스로 손을 들어 자원한 학생은 자신의 삶에서 가장 중요한 가치를 30분 동안 솔직하게 친구들과 공유하며 '나'라는 존재를 아주 섬세하게 인수분해한다. 정말 놀랍게도 많은 학생들이 자신의 깊은 속내를 털어놓는데, 평

189

생 잊기 힘든 트라우마를 꺼내고, 그 상처를 공유한다. 나는 한 사람의 비범함은 실패와 상처에서 시작되며, 특별함은 고독과 소외에서 시작된다는 사실을 수많은 마이 테이크에서 확인할 수 있었다.

마이 테이크에 청중으로 참여하는 학생들은 때로는 아프고, 때로는 즐거운 한 인간의 깊은 역사를 어디에서도 함부로 꺼내지 않겠다는 굳은 약속을 하고 적극적인 청중이 되어준다. 이렇게 30분에 걸친 긴 서사를 듣고 있노라면 개인이 우주를 담고 있다는 생각이 들면서 편견과 아집으로 타인을 단정하던 자신을 깊이 반성하게 된다. 이렇게 눈물과 포옹, 격려와 응원으로 마무리되는 마이 테이크를 다 듣고 나면, 세상이 달라져 있음을 실감한다. 그동안 받아들이기 힘들었던 친구의 말과 행동이 이해가 되면서 나와 다른 삶의 태도를 포용할 수 있게 되는 것이다.

비슷한 배경을 지닌 사람들과 만나서 친해지는 방법은 단순하다. 서로 호구조사를 해서 출신 지역이나 학교를 가늠해 보기도 하고, 서로 알 법한 공통의 지인의 이름을 늘어놓으며 연결고리를 찾아보는 방법도 있다. 하지만 다양한 문화에서 자라온 학생들이 모여 있는 샐러드 볼과 같은 HBS에서는 나의 가장 근원적인 모습을 솔직하게 드러내는 것이 더 의미 있는 인간관계를 쌓는 지름길이다. 이 한없이 솔직한 고백의 마력을 잘 아는 HBS 커뮤니티는, 더 이해하고 이해받고, 더 돕고 도움받기 위해 이토록 과감한 고백을 아끼지 않는 것이다.

나에 대해 더 파고드는 시간

학교 밖에서는 출신 국가나 지역, 소속 집단, 때로는 학벌이나 경력으로 스스로를 쉽게 표현하고, 포장하고, 전할 수 있다. 하지만 HBS에서는 다양한 다름이 가감 없이 그리고 깊이 공유되면서 나 자신과 그 뿌리에 대해서도 깊이 고민해보게 된다.

이를테면 "넌 몇 퍼센트 코리안Korean이니?"라는 말은 HBS에서 내가 가장 많이 받았던 질문 중 하나이다. 나고 자란 곳이 한국이고, 부모님도 한국인이니 100퍼센트라고 이야기할까 싶다가도, 한편으로는 해외에서 산 경험도 있고 외국계 회사에서 일을 배웠으니 100퍼센트는 아닌가 싶기도 하다.

K팝을 좋아하는 친구는 아버지는 터키인, 어머니는 스페인계 영국인이다. 하지만 대학은 미국에서 졸업했고, 일은 싱가포르에서 시작했다. 한편, 형제 중 한 명은 캄보디아의 입양아이기도 해서 삼남매의 외모가 서로 전혀 닮지 않았다. 집안에서는 터키어와 영어, 그리고 스페인어가 혼재되어 사용된다고 한다. BTS를 계기로 K팝에 심취하면서 이 친구가 소비하는 콘텐츠의 대부분은 '메이드 인 코리아made in Korea'가 많다.

이토록 다양한 문화적 층위를 한 사람의 삶에서 엿보면서, 스스로를 정의하는 것은 주어진 환경과 조건이 아니라 이를 해석하는 각 개인의 의지와 태도라는 점을 이해할 수 있게 되었다. 한국인이라는 것 외에 어떠한 대학 출신이라는 것을 제쳐두고 이력서 첫 줄의 직장명을 생략했을 때, 나는 어떤 사람일지에 대한 진지한 고찰이 HBS에서 한 번 더 이루어지는 것이다.

불편함으로부터

홀로 유학 생활을 견디다 보면 유유상종의 강력한 유혹에 빠져들기도 한다. 하지만 많은 HBS 학생들이 구태여 불편한 사람들을 찾아 만난다. 불편하다는 것은 나와 다르다는 것이고, 인사이트는 다름에서 온다는 사실을 잘 알고 있기 때문이다.

"그 업을 모르는 사람이 결국 큰 혁신을 이끈다"라는 말이 있듯이, 나와 나를 둘러싼 것들에 대해 잘 모르는 사람이 오히려 나의 가능성을 열어주기도 한다. 모두가 당연하게 받아들이던 작은 특성을 장점이라며 일깨워주는 것이다. 같은 맥락에서 관습적인 행동의 문제점을 날카롭게 지적해주기도 한다. 무비판적으로 수용했던 부분을 더 예민하게 검열할 수 있는 계기가 되어주는 것이다. 가장 불편한 사람이 가장 큰 깨달음을 준다는 것을 거듭 깨달아가는 과정이, HBS에서 특별한 우정을 쌓아가는 시간이다.

또한 이렇듯 불편한 다름을 통해 겸손을 배우고, 이 겸손은 포용력의 크기로 향한다.

같지만 다르고, 다르지만 같은

정형화된 업무 방식이 더 이상 통용되지 않는 세상에서 무엇보다 중요한 것은 나와 전혀 다른 사람들과의 소통과 교류이다. 우리는 같은 피부색을 가지고 있다는 이유 하나만으로 서로가 닮아 있다는 착각을 하기 쉽다. 하지만 한국어로 말한다고 해서 다 뜻이 통하는 것이 아니고 같은 업종에서 일한다고 해서 동일한 상식을 공유하지 않는다. 전공이 같다고 해서 성향이 닮아 있는 것도 아니다. 비슷하다고 여겨지는 사람들과 함께 일할 때도 '다름'을 당연한 전제로 두는 것이 중요하다. 오히려 언뜻 보기에는 비슷해 보이는 국내의 환경이 더 복잡하고 어려운 것 같기도 하다.

개발자가 원하는 소통의 방식, MZ세대 후배들을 춤추게 하는 동기, 디자이너들이 납득할 수 있는 피드백 형식 등 세분화하기 시작하면 끝도 없는 다름이 우리를 비효율의 구렁텅이로 몰아넣기도 한다. 단순한 협업을 넘어, 이렇게 비슷한듯 너무나 다른 동료를 이끌어야 하는 리더의 역할을 맡게 되면 고민은 한결 깊어지기 마련이다. 이럴 때 가장 위험한 것이 '나와 비슷하게 생각할 것'이라는 전제로 팀을 이끄는 행동이 아닐까 싶다.

단순히 세대, 직무로 구분되는 것을 넘어 모두가 일하는 기쁨과 슬픔의 결이 전혀 다르다는 전제 하에, 마치 외국인을 처음 만난 것처럼 각자의 니즈를 명확하게 이해하는 일부터 시작하는 것은 어떨까. 당연하다고 생각하는 것을 묻고, 일하는 기준과 상식을 토론하고, 합의하는 과정에서 업무 프로세스를 정리하다 보면 진정한 동질성과 팀워크를 찾을 수 있을 것이다.

나는 새로운 주니어를 만나면 일하는 동기(모티베이션)와 일하기에 최적인 환경을 물어보는 것으로 협업을 시작한다. 유독 성장에 대한 욕구가 강하고, 독립적인 성향을 지닌 경우 프로젝트를 쪼개서라도 개인이 100퍼센트 오너십을 가지고 일할 수 있도록 업무 범위를 조정한다. 지적 호기심에 기반하여 일하고 오랜 기간 한 업무에 투입되는 것을 지루해하는 경우에는, 의도적으로 여러 프로젝트에 참여하게 하되 업무 내용을 철저히 기록하도록 해서 실수가 없도록 독려한다.

또한 팀원들을 이끄는 일에 심적 부담을 느끼는 엔지니어의 경우, 서서히 리더로 성장하면서 실무적 역할도 놓치지 않도록 팀원 숫자를 최대한 줄여서 소프트랜딩을 돕는다. 가정이 있어 급작스러운 야근이나 출장에 대응이 어려운 경우 최대한 불확실성이 적은 업무를 맡기기도 하고, 장기 휴가를 통해 리프레시하는 것을 선호하는 Z세대 직원의 경우 최대한 몰아서 쉴 수 있도록 몇 달 전부터 함께 휴가를 계획하는 경우도 있다.

요즘 시대에는 모두가 팀장이 되는 것을 원하는 게 아니다. 사람을 이끌기보다는 개인으로 조직에 기여하는 개별 기여자Individual Contributor가 되기 원하는 경우도 많다. 또한 새로운 업무에 도전하는 것을 성장이라고 여기는 사람이 있는가 하면, 기존에 하던 업무의 수준을 높이는 것을 성장이라고 받아들이는 사람도 있다. 조직의 성장과 개인의 성장이 발맞추어 가기 위해서는 필연적으로 한 사람, 한 사람이 지니고 있는 개별적 특성을 세심하게 살펴야 한다. 나는 그 세심함을 HBS에서 배웠다.

Chapter 11

✦

내 마음의 나침반은
무엇을 따라 움직이는가?

전략적 선택의 묘미, 서머 인턴십

때로는 자신만의 생각에 너무 갇혀버린 나머지
검증을 지나치게 두려워하고, 모든 의사결정에
과도한 의미를 부여하고 있는지도 모른다.

HBS에 입학하자마자 숨 쉴 틈도 없이 리크루팅 전쟁의 서막이 오른다. 전통적으로 MBA 학생들을 많이 채용하는 투자은행과 외국계 컨설팅 회사들의 컴패니 오리엔테이션을 필두로 각종 기업들의 설명회가 계속된다. 회사의 설명회가 끝나고 나면, 학교 근처 레스토랑에서 자연스러운 네트워크의 장이 이루어지기도 하고, HBS 출신 선배들과 함께하는 커피 챗coffee chat 에 초대를 받아 간단한 질의응답을 하기도 한다. 코로나 이후에 오히려 이 만남의 장은 급격히 늘어나, 화상으로 진행되는 기업 소개나 강연 초대장이 쏟아지기도 했다.

스타트업의 경우에는 공식적으로 채용 공고를 게재하지 않는 경우도 많기 때문에, 학생들이 해야 할 몫이 더 늘어난다. 학생들은 능동적으로 관심을 갖고 있는 회사를 찾고, 레이더망에 포착된 회사에서 일할 수 있는 기회를 얻기 위해 교수진, 학교 친구들, 졸업생 등 가용한 네트워크를 총동원한다.

혹자는 HBS 학생들에게는 좋은 직장이 하늘에서 뚝 떨어진다고 생각하는 경우도 있지만, 실상은 다르다. 조금은 유리한 입지에 있을지언정 최선을 다해야 하는 것은 마찬가지다. 기회가 무궁무진한 만큼 경쟁도 치열한 상황에서, HBS 학생들은 결국 어떤 선택을 하는지 궁금해 하는 사람이 많을 것이다.

내 마음대로 서머 인턴십

MBA 학생들에게 1학년이 끝나고 맞이하는 여름방학이 갖는 의미는 각별하다. 대부분 학생들이 이 기간에 서머 인턴십summer internship을 하게 되는데, 이 인턴십에서 오퍼를 받게 되면 취직이 자동으로 해결되기 때문이다. MBA 졸업생을 위한 첫 공채시즌인 셈이다. 그런데 중장기적 목표에 맞추어 목표치를 설정하고, 이를 달성하기 위해 여름방학을 적극 활용하는 학생도 있지만, 의외로 그저 '재미있는' 선택을 하는 친구들도 많다.

절친한 친구는 12주 내내 식물성 아이스크림을 만드는 스타트업에서 일하기로 했다. 유제품을 너무 좋아하지만 락토시스 알레르기가 있어 아이스크림을 마음껏 즐기지 못하는 아쉬움이 크던 차에 식물성 재료로 요거트와 아이스크림을 만드는 회사를 발견한 것이다. 투자은행과 사모펀드에서 경력을 쌓아왔던 친구에게 식품 스타트업은 낯선 선택지였지만, 사용해보고 싶은 제품을 만드는 회사에서 일해보고 싶다는 의욕이 훨씬 컸다.

커리어를 모색하는 데서 벗어나 봉사활동에 올인하는 친구도 있다. 아프리카의 빈곤 문제에 관심이 많았던 친구는 아프리카 난민 구호단체에 합류해서 봉사활동에 전념했다. MBA를 졸업하고 하고 싶은 일을 뚜렷하게 정하지 않은 애매한 상황이었지만, 취업에 유리한 적당한 커리어를 선택하기보다는 평생 해보고 싶었던 일에 시간을 쏟기로 한 것이다.

HBS 학생들이 과감하게 마음의 소리를 따라 서머 인턴을 선택한 것을 두고, 혹자는 학벌이라는 보험이 있는 그들만의 특권이라고 말하기도 한다. 이 또한 아주 틀린 말은 아니지만 미래에 대한 불안은 HBS 학생이라고 해서 더 적지 않다. 오히려 훌륭한 또래 집단과의 경쟁에서 뒤처지는 것이 두려워 보수적인 선택을 하기 쉬운 것도 사실이다. 또 오랜 기간 모범생으로 엘리트 코스를 밟아온 학생일수록, 커리어의 분기점이 되는 중요한 시기에 마음 가는 대로 시간을 보내는 데 있어 더 큰 죄책감을 느끼는 경우도 있다. 하지만 많은 학생들이 흥미와 재미를 좇아, 마음이 이끄는 방향을 과감히 선택하는 것은 그만한 가치가 있기 때문이다.

새로운 문을 열어보면

이유 없는 끌림은 없다. 그래서 마음 가는 것에 스스로를 100퍼센트 투신하는 과정을 통해 때로는 근본적인 삶의 가치를 발견하는 사례도 있다.

금융공학을 전공했지만 발레를 유난히 좋아해 보스턴 발

레단에서 인턴을 한 친구는, 3개월을 발레의 늪에 푹 빠져 지내면서 발레에 대한 본능적인 동경이 '욕구의 절제'와 '균형'에 대한 관심에서 비롯된다는 사실을 깨달았다. 인턴을 마친 그녀는 고심 끝에 식단 관리 서비스를 런칭해서 스타트업 창업자의 길을 걷고 있다.

노마드의 삶을 동경해서 여름방학 내내 그 어떤 일도 하지 않고 카리브해 섬을 여행한 친구도 귀한 깨달음을 얻었다. 히피 문화를 사랑하고 해변의 생활을 즐긴다고 생각했는데, 정작 4개월을 무위도식하며 보내니 초조하고 지루했다는 것이다. 본인이 동경했던 것은 마음의 여유이지 물리적 휴식이 아니라는 사실을 깨닫고, 명상을 새로운 취미로 삼아 교육을 받기 시작했다. 그의 일상의 행복도가 급상승한 것은 당연한 결과였다.

유명 IT 기업에서 프로덕트 매니저로 일했던 친구는 커리어의 전부를 실리콘밸리에서 보낸 테크 가이라 당연히 스타트업에서 인턴을 할 것이라 예상했지만, 놀랍게도 유명 영화 프로듀서의 비서로 일하는 것을 택했다. 평소에 영화 보는 것이 취미인 그는 '영화'라는 상품이 '할리우드'라는 공장에서 어떻게 생산되는지 꼭 알아보고 싶었다고 한다. 최저임금을 받으며 커피 배달 심부름을 하고 산처럼 쌓여 있는 시나리오와 책을 정리하는 것이 주업무라는 것을 알면서도 말이다. 그리고 인턴을 마친 친구는 "취미는 취미일 뿐 헷갈리지 말자"라는 명언을 남겼다.

삶의 본질적 방향을 가늠하는 것 외에도, 마음이 이끄는 방향으로 의사결정을 몰아가다 보면 도리어 융합적인 사고를 할 수 있는 사람으로 업그레이드되기도 한다. 일상을 효율적으로 영위하는 것에 익숙한 만큼, 종종 과감하게 새로운 일에 도전하는 것이 신선한 자극이 되는 것이다.

경험을 대하는 태도

친구들의 다사다난했던 여름 이야기를 들으며 경험의 종류보다 더 중요한 것은, 그 경험을 대하는 자세라는 것을 새삼 느꼈다. 어떤 곳에서 어떤 업무를 담당했는지보다 일련의 경험을 통해서 배우고 삶에 적용할 수 있게 된 것은 무엇인지가 훨씬 중요하다는 확신도 얻었다. 일관성 없어 보이는 경험의 연속도 일관된 의도와 태도로 임한다면, 이후에 스토리텔링으로 풀어내는 것은 그리 어렵지 않다. 내 경험이 남들이 보기에 논리정연한가보다, 내가 커리어를 선택하는 기준이 일관성이 있는지, 그 기준이 흔들린다면 그 이유가 어디에 있는지를 살펴봐야 한다는 것이다.

인생의 최종 목적지가 특정한 직업이나 직장이 될 수는 없다. 우리는 그저 '일'이라는 경험을 다각도로 쌓아가며 그 안에서 경제적 안정과 자아실현의 기쁨을 맛보는 여정을 걸어갈 뿐이다. 절반이 넘는 HBS 학생들이 2년 안에 첫 직장을 떠난다는 통계도 있다. 그 친구들이 잘못된 선택을 한 것일까? 결코 아닐 것이다. 그 순간, 그 타이밍에 가장 적합한 시도를 했을 뿐이고 그다음으로 향해 나가는 디딤돌을 성실히 밟았다는 평가가 더 적절하다.

세상은 넓고, 기회는 무한하며, 좋은 리더는 노력가에게 관대하다. 당장 마주하고 있는 커리어 선택이 부담스럽더라도 결국 내 안에 쌓여 있는 고민과 경험을 믿고 과감한 선택을 하는 용기 또한 더할 나위 없이 중요하다.

가설 검증의 시간

MBA가 매력적인 이유는 학생의 특권을 만끽할 수 있기 때문이다. 그중 가장 귀한 것은 '가설 검증의 기회'가 한 번 더 주어졌다는 것이다. 인턴이나 파트타임 등 여러 기회를 통해서 정말 좋아하고 즐길 수 있는 것을 한 번 더 테스트해볼 수 있다.

내가 수영을 잘하는지 아는 방법은 간단하다. 물에 뛰어들어 보면 된다. 내가 클래식 음악을 좋아하는지 확인하는 방법도 간단하다. 오케스트라 연주를 들으러 가면 그만이다. 원하는 것이 명확하지 않으면 일단 직관과 흥미를 기준으로 선택하고, 실패할 수 있는 기회를 충분히 만끽하면 된다.

때로는 자신만의 생각에 너무 갇혀버린 나머지 검증을 지나치게 두려워하고, 모든 의사결정에 과도한 의미를 부여하고 있는지도 모른다. 나를 아껴주셨던 교수님은 고민을 털어놓을 때마다 '숨만 쉬고 있으면, 모든 것은 번복할 수 있으니 두려워 말라'는 격려를 해주셨다. 어렵게 입사한 회사를 한 달 만에 그만둔다고 해서 큰일이 벌어지지는 않았다. 그저 취미 삼아 해본 일이 마음에 들어 본업으로 삼는다고 해서 나쁠 것도 없다.

MBA가 아니더라도 일정한 시간을 정해두고 마음대로 할 수 있는 자유를 스스로에게 선사해보자. K직장인들에게 무리한 요구라고 생각할 수도 있지만 또 달리 생각하면 할 수 있는 일이다. 회사에서 정해놓은 승진으로 가는 왕도가 내키지 않는다면 그 길을 택하지 않을 수도 있다. 다니고 있는 직장의 업무 환경이 마음에 들지 않는다면, 몇 년을 채워야겠다는 소모적인 다짐에 함몰되기보다는 당장 이직을 준비하는 것도 방법이다. 너무 늦었다고 생각해서 하던 일을 계속 하는 것보다는, 한 살이라도 어릴 때 흥미 있는 분야를 선택하는 것도 현명한 선택일 수 있다.

직장에서의 의사결정이 쉽지 않으면 좀 더 작은 단위의 일부터 마음대로 해보는 것도 좋다. 예를 들어 주말을 '정말 마음이 이끄는 방식'으로 궤도를 바꿔보는 것이다. 더 부지런해지라는 이야기가 아니다. 미라클 모닝 대신 유튜브로 하루를 가득 채우는 것도, 회식 대신 나 홀로 산책을 하는 것도 좋다. 내 마음이 왜 그 방향으로 향했는지를 면밀하게 분석할 수만 있다면, 결코 낭비가 아닐 테니까.

　나는 MBA를 졸업하고 패션 이커머스 스타트업에 입사했다. 많은 지인들이 '왜 그 회사야?'를 수도 없이 물었다. 아마 아주 평범한 결정을 하지는 않은 모양이다. 상대에 따라 여러 가지 그럴듯한 이유를 붙이기는 하지만, 결국 하고 싶었던 말은 '마음이 동해서'였다. 마음이 움직였던 이유를 결정할 당시에는 잘 몰랐는데, 일을 하다 보니 내가 왜 여기에 이끌렸는지 조금은 알 것 같다. 덕분에 나는 아주 다이내믹하고 즐거운 스타트업 라이프를 만끽하고 있다. 소비자와 직접 닿아 있는 패션 영역에서 일하는 즐거움, 제조 공장부터 온라인 플랫폼과 오프라인 매장까지 살펴볼 수 있는 배움의 기회, 젊고 트렌디한 동료들, 치열한 경쟁에서 승리하기 위해 함께 고심하는 경영진의 열정. 역설적이게도 이 회사를 다니지 않았다면 몰랐을 이유가, 이 회사를 선택한 근거가 되었다.

　중요한 결정을 앞두고 있다면 한번 스스로에게 물어보자. 나의 마음은 어디로 향하는가? 내 마음의 나침반은 어떤 힘을 따라 움직이는가? 의외의 결정이 인생의 변곡점을 만들 수도 있다.

Chapter 12

✦

당신의 진짜 꿈은
무엇인가요?

야망을 숨기지 말 것

모든 위대한 시작에는 무모함이 있었고
그 무모함이 매일 하버드의 강의실을
오고 가고 있다.

HBS에서 많은 학생들이 가장 좋아하는 이벤트를 꼽자면 섹션 리트리트Section Retreat이다. 입학하고 얼마 지나지 않아 1학년 내내 함께 수업을 들을 같은 반 친구들 90여 명이 2박 3일간 여행을 떠나게 된다. 대부분 십 대 시절 이후로는 이렇게 많은 친구들과 함께 단체 여행을 떠나는 것이 처음이라, 설렘을 가득 안고 출발한다. 3박 4일의 여정 동안 학생들은 주체적으로 기획한 다양한 프로그램을 함께 즐긴다.

내가 속해 있던 섹션 B는 흥이 많은 친구들이 모인 섹션답게, 다양한 게임을 기획해 즐거운 시간을 보냈다. 게임은 동서고금을 막론하고 유사한 구성을 갖추고 있는데, 가장 인기 있었던 게임은 클래스 오브 2021에서 유행했던 게임으로

'진실게임'과 유사한 '예스 오어 노Yes or No 게임'이었다. 이 게임에서 질문자는 흥미로운 질문을 모든 섹션 학생들에게 던지고, 학생들은 예스나 노로 대답한다. 누가 대답했는지는 알수 없고, 몇 명이 예스를 대답했는지만 확인할 수 있다. 눈 감고 하는 진실게임인 셈이다. 서로의 속내를 온전히 알 수는 없지만, 전체적으로 친구들이 어떤 생각을 갖고 있는지 이해하기에는 정말 좋은 게임이었다.

한 친구가 모두에게 물었다.

"언젠가 자국의 수반이 될 거라고 생각하는 사람은 예스를 눌러줘!"

과연 몇 명이나 눌렀을까? 이 행사에 참가한 우리 반 90명의 학생 중 무려 10명이 '예스'를 선택했다. 놀랍게도 본인이 예스를 선택한 것을 숨기는 친구도 없었다. 초등학교 졸업 이후 줄곧 대통령이 꿈이라고 너무나 자연스럽게 또 당당하게 말하는 친구를 만난 건 처음이라 당황스러운 표정을 감출 수 없었다. 그리고 스스로에게 물었다.

"내 꿈의 크기는 얼마나 될까?"

주눅 들지 않는 마음

어느 순간부터 큰 꿈을 말하는 것이 조금은 촌스럽고 부끄러운 일이 되어버렸다. 큰 꿈을 품는 것 자체가 어색한 일이 되었다. 어쩌면 '꿈'이라는 개념 자체가 생경해졌는지도 모른다. 혹독한 경쟁에 시달리고, 지독히 현실적인 고민에 매몰되면서 야심찬 꿈이 얼마나 무용한 것인지를 실감했기 때문이다. 일상에서 현실적인 제약을 마주할 때마다, 장대한 목표를 세우는 것에 죄책감을 느끼기도 했다. 설령 꿈이나 목표가 떠오른다고 해도 입 밖에 내거나 표현할 수는 없었다.

모두가 그러는 데에는 나름의 이유가 있다고 생각한다. 먼저 구구절절 설명하는 것이 귀찮고, 과연 비전을 이룰 수 있겠냐는 회의적인 시각이 두려운 것도 사실이다. 메타 인지를 가져야 한다거나 자기객관화를 충분히 해야 한다는 주변의 조언을 듣다 보면, 자신의 그릇의 크기를 넘어서는 목표에 대한 거부감이 앞서게 되는 것도 사실이다.

이런 두려움이 HBS 학생들을 비껴가는 것은 결코 아니다. HBS가 성공을 보장하지는 않는다는 것, 학벌이 도리어 걸림돌로 작용할 수도 있다는 것, 현실적인 제약에는 예외가 없다는 것을 HBS 학생들도 충분히 이해하고 있다. 또 거대한 목표를 입 밖에 꺼냈을 때 마주하게 될 시선들도 예상하기 어렵지 않다. 그러나 비웃음거리가 되거나 조롱을 당할 수도 있다는 리스크를 감안하고서라도, HBS 학생들이 야심찬 목표를 세우고 '꿈'을 표현하는 데에는 그만한 이유가 있다. 품지 않고 말하지 않으면 이루어지지 않기 때문이다.

조금은 낭만적이고 어쩌면 간지러운 이야기를 입 밖에 꺼내고, 이를 현실에 부딪혀보겠다는 다짐을 하는 것이야말로 이 시대가 필요로 하는 용기라는 점을, 많은 HBS 친구들이 직접적으로 또 간접적으로 말하고 있다. 모든 위대한 시작에는 무모함이 있었고, 그 무모함이 매일 HBS 강의실에서 오고 가고 있다.

메이크 디퍼런스

HBS가 품고 추구하는 교육이념은 다음과 같다.

우리는 세계를 변화시킬 리더를 양성한다.

We educate leaders who make a difference in the world.

학교의 이 비전에 공감하는 학생들이 HBS에 입학하고, 입학사정관들도 이 비전을 구현할 잠재력이 있는 학생을 선발한다. 여기서 이야기하는 디퍼런스Difference, 즉 세상을 변화시키겠다는 '큰 꿈'이 무조건 큰 경제적 가치나 확실한 정치적 권력을 의미하는 것은 아니다. 이는 스스로 세상을 조금이라도 긍정적인 방향으로 변화시킬 수 있다는 자신감을 가지고, 스스로가 정의한 임팩트를 구현하는 것을 의미한다.

많은 사람들이 작은 성공을 거듭하다 보면, 위대한 성취는 자연스럽게 쫓아온다고 생각하지만, 그렇게 낭만적인 일은 흔치 않다. 세상은 불확실성과 우연으로 가득하다. 그래서 목표를 정하는 일이 허무한 시도처럼 느껴질 때도 있다. 하지만 애초에 설정한 목표조차 없다면 그에 수반되는 일상적인 노력도 게을리하게 된다. 큰 성공에 대한 야심이 없다면, 적당한 성취에 안주하는 삶의 궤적을 따르는 경우도 제법 흔한 일이다. 따라서 닻의 방향을 이후에 바꾸는 한이 있더라도, 리스크를 감내하고 순간의 좌절을 이겨내기 위해서는 뚜렷한 목표가 필요하다.

1조 원의 꿈을 현실로 바꾸는 것들

이러한 꿈을 입 밖에 내는 것은 스스로 자기 자신을 통제하고 독려하는 최고의 방법이기도 하다. 입 밖에 뜻하는 바를 내뱉는 순간, 꿈은 목표가 되고 실체를 갖는다. 그리고 실체가 된 꿈은 주변의 조언과 응원을 통해 구체적인 계획으로 진화한다. 이렇게 구체화된 꿈과 이상은 포부에서 설명으로, 설명에서 설득으로, 설득에서 문장으로 정리되면서 더 큰 힘을 갖게 된다.

커피를 마시다 나와 가까이 지내는 친구가 말했다.

"나는 말이지, 1조 원 정도는 가진 자산가가 되는 게 꿈이야. 그래야 행복할 것 같아"

언뜻 듣기에는 터무니없지만, 곰곰이 생각해보면 실현 불가능하지 않은 친구의 이야기에 흥미로운 질문이 쏟아졌다. HBS 캠퍼스에서는 돈의 액수를 직접적으로 말하는 것이 조금은 경박하고 촌스럽게 여겨지는 문화도 있는 터라, 원대하고도 노골적인 친구의 꿈에 대해 설왕설래가 자연스럽게 시작된다.

"너는 왜 그 꿈을 가지게 된 거야?"
"1조 원은 상징적인 의미야? 아니면 말 그대로 1조 원이라는 돈 그 자체인 거야?"
"자산을 통해서 이루고 싶은 더 고차원적인 무언가가 있는 거야? 그건 1조 원이 아니면 가질 수 없는 거야?"
"그러려면 창업하는 거 말고는 답이 없지 않아? 바로 창업을 하겠다는 거야?"

폭풍처럼 쏟아지는 질문에 답하며, '꿈'이라는 모호한 단어 속에 숨어 있던 야심과 욕망, 꿈과 목표의 형태가 드러나고 계획이 구체적으로 정리된다. 경청이 습관화되어 있고, 상대에 대한 존중과 믿음을 전제하는 HBS의 문화에서는 '꿈'이 드러나면 드러날수록, 더 건강한 꿈으로 진화할 수 있게 되는 셈이다. 말한다고 이루어지는 것은 아니지만, 막연한 꿈이 비전이 되고, 피부에 와닿지 않던 비전이 목표가 되고, 멀게 느껴지는 목표가 구체적인 투두리스트로 정리될 수 있는 환경이 주어지게 되는 것이다. 이러한 대화의 과정에서 꿈을 향한 의욕은 높아지고, 더욱 현실적이고 구체적인 다양한 방식으로 정리될 수 있다.

이렇게 스스럼없이 꿈과 목표를 나누다 보면 때로는 매우 특별한 영역에서 변화를 주도하겠다는 매력적인 친구들을 만나는 경우도 있다. 오랜 기간 아프리카에서 살며 동물권에 대해 큰 관심을 가지게 된 친구는 야생동물이 지구에서 얼마나 생존을 보장받을 수 있는지가, 곧 인류와 지구의 안위를 측정하는 가장 확실한 방법이라고 굳게 믿고 있었다. 이 친구의 꿈은 서아프리카 지역에서 멸종되어가는 동물을 보호하겠다는 것이었고, 이를 위해서 다양한 방법을 모색하고 있었다. 인류의 번영을 넘어 전 지구적 생태를 고민하는 친구는 당장은 아프리카의 생태계를 지원하는 기금에서 일하겠다는 계획을 가지고 있었다.

마찬가지로 이 친구에게도 질문이 정신없이 쏟아지기 시작했다.

"구체적으로 야생동물의 멸종이 인류에 미치는 영향이 뭐지?"

"사람보다 동물을 돕는 것을 택한 이유를 알려줘."

"언뜻 듣기에 숭고해 보이는 너의 목표는 인정 욕구에서 기인한 건 아닐까? 결국 얻고 싶은 건 뭐야?"

"너의 일상의 안위를 어디까지 포기할 수 있을 것 같아? 네가 정의하는 양질의 삶에 대해 나눠줘."

다소 현학적이지만 핵심적인 질문과 답이 오고 가면서, HBS에서는 각자 정의한 꿈이 실제로 어떤 변화를 이끌어낼 수 있는지 끝없이 의심하고 고민하며 더 명료하지만 결코 축

소되지 않는 꿈의 크기를 설정하게 되는 것이다.

성적은 조금 부족해도 언젠가 하버드에 입학하겠다고 열의를 불태우는 초등학생을 보면 누구라도 귀여워 머리를 쓰다듬게 된다. 서른이 넘었지만 긴 인생을 두고 보면 몇 걸음을 채 떼지 않은 MBA 재학생들을 바라보는 경영 구루들의 시각도 크게 다르지 않을 것이다.

대통령이 되겠다는 꿈을 숨기지 않은 친구는 교수님들의 격려 하에 HBS 출신 정치인들과 만날 기회를 얻었고, 그 결과 워싱턴의 유명 로비스트의 어소시에이트로 일할 기회를 얻었다. 때로는 자기 자랑보다 솔직하고 곧은 꿈이, 더 큰 기회로 우리를 이끌기도 한다는 것을 이렇게 많은 친구들이 증명해가고 있었다.

그런 맥락에서 학생이라는 신분은 매력적이다. 현재보다는 가능성으로, 나이보다는 학년으로, 실력보다는 목표로 평가받을 수 있는 만큼 더욱더 적극적으로 꿈을 어필하는 것이다.

나를 향한 하버드 선배들의 조언

나는 조금 늦은 나이에 MBA에 진학했지만 그렇게 주어진 학생의 신분을 만끽하기로 했다. 전통적인 산업을 디지털로 변화시키고, 그 과정에서 생태계의 모두가 생존할 수 있는 방법을 모색하겠다는 나의 막연한 꿈의 실마리를 찾기 위한 여정은 그렇게 시작되었다. 낙후된 남미의 농업 시장에 사물인터넷IoT 기술을 도입해 큰 성공을 거둔 스타트업 대표, 중미와 아프리카에서 핀테크 금융업으로 세계적 리더의 반열에 오른 핀테크 구루, 패션업에 AI를 접목해 큐레이션 서비스를 만들어낸 창업자 모두가 후배인 나의 간절함을 들어주고 이에 응해주었다.

놀라운 것은 그들이 아주 막연한 나의 이상을 기쁘게 들어주었으며, 그 애매함을 두려워하지 말라는 진정성 가득 담은 응원을 아끼지 않았다는 점이다. 더불어 시작이 같아도, 목표와 꿈의 크기가 다르다면 궁극에는 차원이 다른 임팩트를 만들 수 있다는 응원도 아끼지 않았다.

나는 지금 동대문 시장을 디지털화하고 한국 패션 콘텐츠를 글로벌 시장으로 확장하기 위한 도전을 하고 있다. 누군가는 그저 옷 장사를 하면서 표현이 과하다고 하기도 한다. 또 다른 누군가는 창업자도 아닌데 목표를 과하게 내세우면 비웃음을 산다고 말하기도 한다. 하지만 지금 이 현실이 조금 미약하다고 한들, 또 꿈의 구현 방식이 다른 이들의 성에 차지 않는다고 한들 개의치 않고 나아갈 용기를 HBS에서 얻었다.

어린 시절 꿈을 이야기하다 보면

당신은 가장 정확한 스타트업 분석가가 되는 방법을 알고 있는가? 일단 무조건 망할 거라고 하면 된다. 스타트업의 9할 아니 99퍼센트 이상이 목표를 달성하지 못하고, 시장에서 도태되기 때문이다. 그렇다면 그들이 훌륭한 분석가이자 조언자일까? 결코 아닐 것이다. 얼핏 듣기에는 다소 허황되어 보이는 기업의 목표를 열린 마음으로 듣고 응원하는 자만이 진정한 유니콘을 찾을 수 있기 때문이다.

꿈을 들어주는 청자로서의 태도도 마찬가지다. 다소 허황되어 보이는 꿈의 근저에 있는 뜻은 무엇인지 진지하게 듣는 연습을 해야 한다. HBS에서 강조하는 점도 적어도 이 캠퍼스 안에서는 허황된 이야기조차 일단 들어보라는 것이다. 그 꿈이 얼마나 거대한지보다 그 안에 숨어 있는 함의를 듣고, 그 함의에 공감할 수 있다면 있는 힘껏 응원을 해야 한다고 배우는 것이다.

조금 쑥스럽더라도 아주 어릴 적 자신이 꿈꾸었던 것을 생각해본다. 그리고 그 근저에 있는 자신의 아주 원초적이고 본능적인 욕망과 니즈를 한번 훑어보는 일도 좋은 연습이 될 것이다. 다시 현실로 돌아와 그 욕망이 어른이 된 나에게 어떤 의미인지 고민해본다. 그중 건강하지 않은 욕망을 조금 덜어내고, 정말 원하는 큰 꿈을 구체화하면 어린 시절 원하던 그 꿈이, 아주 먼 곳에 자리한 것은 아니라는 생각이 들지도 모른다.

그리고 그 원대한 목표를 조심스럽게 가까운 친구들에게 이야기해보자. 나를 아끼는 사람, 나의 가능성을 믿어주는 사람들에게 이 이야기를 나누면서 조금 더 구체화해간다. 그렇게 하다 보면 어느샌가 내가 해야 할 투두리스트의 첫 번째 항목이 시야에 들어오지 않을까.

Chapter 13

마음을 움직이는 사람이 비즈니스를 움직인다

하버드의 마음 공부법

고객의 마음, 투자자의 마음,
함께 일하는 동료의 마음을 움직이면서
새로운 가치를 창출하는 것이
지금의 경영이다.

"다들 생각보다 너무 착하지 않아?"

친구들과 농담 삼아 서로를 향해 미소 지으며 한 이야기다. HBS는 프로페셔널한 사람들이 모여 서로 안전거리를 유지하며 인맥을 쌓을 것 같은데, 실상을 들여다보면 마음 따뜻한 사람들이 모여 소소한 일상을 즐긴다. 서로에게 더 득이 되는 사람을 찾아 친분을 쌓을 법도 한데, 어울리는 모습을 보면 그저 서로 뜻이 통하는 친구들과 자연스럽게 어울리며 여행을 가고, 여가 시간을 함께 보낸다.

HBS는 때로는 극단적인 경쟁을 유도하기도 하지만 그 안에서 싹트는 전우애를 더 강조하고, 효율을 중시하면서도 작은 행복의 필요성을 강조한다. 그런 다정한 분위기 속에서 어쩌면 가장 순도 높은 우정과 연대가 싹트는 것이다.

HBS 버블Bubble의 행복은 이 따뜻한 인간관계에서 시작된다. 보스턴 생활에 대해서 누군가 물으면 떠오르는 답이 명확하지 않다. 분명히 2년을 보스턴에서 살았는데, HBS 캠퍼스에서만 산 듯한 느낌이 들기 때문이다. 머나먼 외국에서 유학 온 나와 같은 학생들은 물론이고 미국 각지에서 몰려든 친구들도 비슷한 감상을 갖게 된다고 한다. 적어도 HBS에서 지내는 시간 동안은 가족만큼 가까워진 친구들과 서로의 마음을 가장 잘 이해해주는 동료이자 전우로 추억을 쌓아 가기 때문이다.

MBA는 네트워킹의 전쟁터라는 이야기를 익히 들었던 터라 이 몽글몽글하고 따뜻한 분위기가 어색하기도 했지만 2년을 함께 지내다 보니, '또 하나의 가족'이라는 말이 어색하지 않을 정도가 되었다.

가장 행복했던 순간을 꼽으라면

프로페셔널한 태도, 냉철하고 전략적인 사고, 명확한 커뮤니케이션이 HBS 학생들을 대표하는 수식어인 것은 사실이지만 2년을 함께 지내다 보면 실상은 다르다. 누군가 내게 학교에서 가장 행복했던 순간을 물을 때 떠오르는 것이 있다. 시험 전날 기숙사 문 앞에 놓여 있던 커피와 쿠키, 인터뷰를 망치고 실의에 빠져 있을 때 주머니에 넣어준 초콜릿, 여행지에서 사소한 일로 말다툼을 한 친구가 미안하다며 남긴 음성 메시지가 HBS에서 얻은 가장 소중하고 강렬한 추억이다. 누구에게나 여린 속살 같은 마음이 있고, 그 마음을 서로 달래며 응원해주는 것이 어쩌면 매력적인 사람들이 모였을 때 얻을 수 있는 기쁨일 것이다.

졸업을 앞두고 떠난 여행에서 HBS에서 가장 기억에 남았던 순간을 나누었을 때 유명인사의 강연이나 치열했던 인턴십보다 옹기종기 모여 앉아 수다를 떨던 아주 평범한 밤을 이야기하는 친구가 많았다. 아무리 뛰어난 사람도 절망의 순간과 고통의 과정을 피할 수는 없다. 그 과정에서 아낌없이 위로와 격려를 나누는 친구들이야말로 MBA가 우리에게 준 최고의 자산이다.

감사하게도 졸업하고 오랜 시간이 흘러도 이 다정함은 변치 않는 행복으로 내 곁에 남아 있다. 가장 솔직한 방식으로, 서로의 다름을 인정하고 지켜온 친구들이기에 오랜만에 연락을 해도 뜨끈하게 가슴에 와닿는 무언가가 있다.

프로페셔널한 다정함

HBS에서는 모두 친절함이 갖는 힘을 소중히 생각한다. 자신감이 부족할수록 약점을 들키지 않고자 방어적인 태도로 주변을 차단하고, 역량이 부족할 때 말과 글에 날이 서기 마련이다. 뒤처질까 두렵고 초조하던 시기를 지나 조금씩 스스로를 믿을 수 있게 되면서, 다정함을 훈련하는 단계에 이르게 된다.

프로페셔널리즘과 다정함은 상반된 것처럼 느껴지지만, 사실은 궤를 같이한다. 프로페셔널이 클라이언트의 니즈를 살피는 것으로 업무의 실마리를 찾듯, 다정함의 시작은 먼저 상대방의 마음을 살피는 것이다. 상대방의 마음을 제대로 읽어야 마음에 와닿는 칭찬과 격려, 공감과 위로의 말을 전할 수 있을테니까. 겉으로 드러난 부분만 살피는 것을 넘어 더 깊은 부분도 놓치지 않는다. 서로 가족과는 원만하게 지내고 있는지, 혹시 경제적 어려움은 없는지를 세심히 살펴본다. 이 과정에서 힘들어하는 친구가 무엇을 원하는지도 조심스럽게 가늠한다. 가장 현명한 사람들이 때로는 가장 괴로운 입장에 설 수 있다는 것을 잊지 않고 서로가 서로를 지켜봐 주는 것이다.

더불어 표현 방식에도 신경을 쓴다. 때로는 무엇을 말하는가보다 어떻게 말하는지가 더 중요하고, 어떻게 말하는가보다 어떻게 받아들여지는지가 더 중요하다. 구구절절한 이야기보다는 포옹이 필요할 때도 있고, 가끔은 가벼운 농담이 그 어떤 진지한 충고보다 확실한 응원이 될 때도 있다. 커뮤니케이션의 효율을 높인다는 것은 결국 상대방에게 나의 마음을 온전히 전하는 것이다. 더 나은 소통을 위해 표현을 연구하는 데 에너지를 아끼지 않는다. 내가 낯간지러운 말보다는 우스갯소리로 에너지를 얻는다는 것을 어느샌가 파악한 친구들이 몹시 지쳐 있던 나를 위해 어설프게 블랙핑크의 춤을 따라 추던 순간은 아마 평생 잊지 못할 것이다.

끝으로 HBS 학생들이 다정함을 훈련하는 가장 좋은 방법은 무엇보다 친구들의 베스트 인텐션best intention을 의심하지 않는다는 점이다. 아무리 다정한 말을 건네더라도 의도를 곡해해서, 격려를 조롱으로 받아들이거나 위로를 동정으로 취급하는 경우도 많다. 하지만 내가 만난 많은 학생들은 상대방의 의도가 선할 것이라는 믿음으로 전해지는 말을 액면 그대로 수용하려고 노력한다.

다정함은 그저 착한 것을 의미하지 않는다. 다정함은 신중히 상대의 마음을 살피는 것이고, 사려 깊은 태도로 타인이 원하는 바를 고민하는 것이며, 가장 와닿는 방식으로 메시지를 전달하는 것이다. 경영은 곧 결국 사람의 마음을 얻어내는 것이라는 데에는 이견이 없을테니까. 고객의 마음, 투자자의 마음, 그리고 함께 일하는 동료의 마음을 움직이면서 새로운 가치를 창출하는 것이 곧 이 시대의 경영이다. 더 이상 독선적인 리더가 신박한 아이디어 하나로 세상을 바꾸는 일은 흔치 않고, 한 인물이 세상의 흐름을 읽고 혁신적인 상품을 만들어내는 일도 드문 일이기 때문이다.

만만한 리더와 따뜻한 리더

척박한 환경에서 커리어를 쌓아가면서 다정함을 드러내었다가 만만한 상대로 낙인찍히는 것이 두려웠던 시기도 분명 있었다. 억울하고 속상한 일들은 돌이켜보면 내가 약자의 위치나 을의 지위에 있을 때 일어났고, 다정한 마음 씀씀이를 갖는다는 것이 손해 보는 것은 아닌지 생각하게 되었다. 다정함을 만만함으로 착각하는 사람은 애초에 멀리하는 편이 좋다. 표현의 '방식'과 '내용'을 구분하지 못하는 사람이기 때문이다. 다정함에 기생하는 사람들은 대부분 세상을 약자와 강자라는 이분법적 사고로 나누는 습관을 가지고 있다. 이는 결코 바람직하지도 않을뿐더러 효율적이지도 않다.

또 나는 오히려 역으로 이것을 활용한다. 늘 상냥하고 다정하게 대하되, 나를 진심으로 여겨주지 않는 사람들은 배제하고 있다. 그러니 주변에는 따뜻함을 고마워하고, 따뜻함 안에 담긴 견고한 의견을 진지하게 받아들여주는 사람들이 남게 되었다.

더불어 다정하게 말하면서 커뮤니케이션의 내실을 다지

게 되었다. 큰 목소리를 내고 강한 어조로 말하면 주장이 그 럴싸하게 들린다. 형식이 내용보다 매운맛이다 보니, 정작 논리나 구성에 대해서는 자연스럽게 간과하게 되는 것이다. 진짜 용기는 다정함이라는 말도 이 때문에 나온 것이라 생각한다. 말투나 어조로 속이지 않고 콘텐츠로 승부를 보겠다는 실력 있는 사람들의 커뮤니케이션 방식이기 때문이다.

학교에서 처음에 가장 인기 있는 친구들은 백그라운드가 화려한 친구들이다. HBS에는 세상에 이런 부류도 있구나 싶을 정도로 별난 환경에서 자라온 친구들이 많았다. 왕자, 공주, 재벌 2세, 석유왕의 자제, 국가대표 운동선수, 유명 창업가들이 즐비한 가운데 이런 친구들이 처음에는 많은 스포트라이트를 받는다. 하지만 2년간 같은 커뮤니티에서 생활하면서 더 많은 사랑과 신뢰를 얻게 되는 것은 마음을 나누고, 위로를 아끼지 않는 성품의 친구들이었다.

비즈니스 현장에서 이런 따뜻함이 가장 빛을 발하는 것은 전달과 설득이 필요한 순간이다. 경영을 하면서 가장 핵심적인 3요소는 정보의 획득, 구성, 전달이다. 친절하고 따뜻한 마음을 정량화해서 그 가치를 측정할 수는 없겠지만 가장 결정적인 순간에 마음을 움직이는 것은 다정함이니까.

서로의 마음을 벤치마킹하다

따뜻함의 기저에 있는 것이 공감과 연민이라고 한다면 그것조차 훈련의 대상이라고 생각한다. 조금씩 더 나은 사람이 된다는 것은 '벤치마킹의 연속'이라는 생각이 든다. HBS 학생들은 배움과 성장을 가장 큰 덕목으로 삼는 학생들이니만큼 러닝 커브learning curve가 마음 씀씀이에도 적용된다. 마치 일류 기업의 선진 사례를 연구하듯, 마음을 표현하고 전달하는 방식도 연구하고 공부하고 실천하는 모습이 흥미로웠다.

HBS 학생들의 흥미로운 지점은 서로 끊임없이 관찰하고, 베스트 프랙티스best practice를 배우려고 노력한다는 점이다. 서로에게 마음을 쓰고 배려하는 자세 또한 예외는 아니다. 서로가 배려하는 모습을 보면서 그 섬세함이 점점 개선됨을 나 또한 느꼈다.

내가 속해 있던 그룹에서는 조금 부끄럽더라도 서로에게

가장 고마웠던 기억을 나누고 상기했다. 가장 확실하고 효과적인 위로의 방법이 무엇이었는지 대해 이야기하면서 서로에게 힘을 실어주었던 것이다.

나누어도 닳지 않는 것이 마음이라면, 이건 얼마든지 써도 괜찮지 않을까? HBS에서 가장 흔하지만, 가장 귀한 것은 이렇게 오고 가는 마음이다. 그 마음을 적절히 표현하고 나누는 것이 HBS에서 가장 아름다운 모습이다. 그리고 이 과정에서 우리는 다정함이 만드는 큰 임팩트를 실감하게 된다.

우리나라에서는 유독 이 다정함의 힘을 간과하는 것 같아 안타깝다. 만만해 보이지는 않을까 지레 겁을 먹는 경우도 많고, 날카로운 사람들이 득을 보는 경우도 있다. 하지만 사람의 마음을 움직이는 것이 비즈니스를 움직이는 근간에 있다고 생각하면, 다정함을 충분히 나누는 것만큼이나 큰 투자가 있을까?

Chapter 14

✦

혼자가 아닌
우리를

하버드 이후 간직해야 할 가장 큰 가치

나는 바꾸어야 할 세상의 틈을
하버드 비즈니스 스쿨 속
'우리들'을 통해 깨닫는다.

서로에게 도움을 주고받는 것에 그치지 않고, 더 나아가 함께하는 성공을 배우는 것이 HBS가 강조하는 팀워크이다.

HBS의 성적 구조를 들었을 때 다소 의아했던 것이 사실이다. 성적은 I, II, III으로 나누어지는데 어림잡아 상위 10퍼센트에게 I이, 하위 10퍼센트에게 III이, 그리고 중간 80퍼센트에게 II가 주어진다. III을 여러 개 받게 되면 한국의 학사경고와 유사한 워닝warning을 받을 수 있기 때문에 모든 학생들은 성적에 민감해지기 마련이다.

많은 학생들이 학업에서 스트레스를 받는 이유는 같이 수업을 듣는 학생들의 면면이 매우 뛰어나기 때문에 언제든지 III을 받을 수 있다는 걱정 때문이다. 실제로 많은 학생들이 한두 과목에서 III을 받으며 졸업할 수밖에 없는 구조이기도 하다.

그런데 이러한 하버드의 성적 시스템을 보면서 원망이 드는 것도 잠시, 왜 그들이 그런 시스템을 설계할 수밖에 없는지를 깨닫게 되었다. HBS는 학교 수업을 열심히 들을 만한 동기 부여는 하되, 모두 함께 가는 법을 가르치려고 한 것이다.

낙오자 없이, 패배자 없이

HBS 1학년의 하루는 디스커션 그룹Discussion Group으로 시작한다. 디스커션 그룹은 서로 다른 섹션에 속한 학생들이 모여 그날 수업하는 내용을 미리 예습하는 스터디 모임이다. 입학 때부터 학교에서 다양한 학업 배경을 고려하여 디스커션 그룹을 구성해준다. 4~5명의 친구들은 매일 아침 8시에 모여서 공부를 한다. 서로 공부를 도와준다니 사실 의아하기는 하지만, 이렇게 낙오자를 만들지 않고 함께 모두 성공하는 루틴을 만드는 것이다.

내가 참여한 디스커션 그룹에는 사모펀드 출신인 친구가 파이낸스를 리드했고, 아마존에서 근무한 인도인 친구는 테크 기업 관련 내용이 나오면 상세히 설명해주었다. 미군에서 오랫동안 일해온 친구는 놀라울 만큼 성실한 자세로 케이스를 매일 읽어와 디테일한 부분까지 짚어주며 놓치는 것이 없게 했다. 로스쿨과 MBA 학위를 동시에 취득하고 있던 친구는 남다른 독해력으로 글에 함축된 내용을 파악해서 알려줬다. 심지어 내가 발표를 해야 하는 날이면 나의 영어 뉘앙스까지 꼼꼼하게 검토해주었다. 상대적으로 특출난 구석이 없어 걱정했던 나는 다행히도 다른 친구들보다는 사회 경력이 길었던 터라, 케이스의 큰 맥락을 파악하고 의견을 통합하는 역할을 하며 팀에 기여했다.

HBS 학생들은 일등이 되기 위해 노력하지만, 남들을 이겨서 일등을 할 수 없다는 사실을 그 누구보다 잘 안다. 낙오자 없이 모두 졸업하고, 패배자 없이 모두 싸움을 이겨낼 때 비로소 그 기쁨을 누릴 수 있다는 것이다.

큰 성공을 거두기 위해서는 손을 잡고 성공을 향해 달려갈 동료가 필요하다. 내 주변의 친구들이 낙오하지 않고 꾸준히 역량을 기르며, 시기 질투를 넘어서 함께 누리는 기쁨을 알 때 진정한 성취감을 맛볼 수 있는 것이다. 다소 기이한 HBS의 성적 시스템은 모두가 함께 공부하고, 함께 토론하며 배우는 기쁨을 누릴 수 있게 해주는 씨앗이었던 것이다.

하버드 그 이후, 그 너머까지

이러한 환경에서, HBS 학생들은 대통령이 된다는 생각으로, 거대한 글로벌 기업의 수장이 된다는 생각으로 친구들을 바라보는 방법을 배운다. 내가 애플의 CEO라고 하면 누구를 나의 CFO로 영입할 것인지, 누가 나의 전략 참모로서 방향성을 제시할 것인지에 대해 일상적으로 고민하는 것이다. 만약 창업을 한다면 나와 지금 이 자리에서 맥주를 마시고 있는 친구들 중 누구와 함께할 수 있을지를 내심 생각한다.

이는 친구들을 평가한다는 의미는 아니다. 무언가를 같이 해나갈 동료가 우리에게는 절실하고, 그 동료를 학교에서 찾는 것만큼 완벽한 일은 없기 때문에 고민을 아끼지 않는 것이다. HBS에서 공동 창업을 권장하고, 실제로 많이 이루어지는 것도 비슷한 맥락이다.

대학교 조모임과는 달리 HBS에서 팀워크가 잘 작동하는 것도 이 때문이다. 함께 프로젝트를 하고 있는 친구가 언제든 함께 일할 수 있는 동료, 나보다 거대한 업적을 이룰 수도 있는 잠재적 슈퍼스타라고 생각하기 때문에 서로 최선을 다하며, 가장 훌륭한 모습을 서로에게 보여주기 위해 노력한다. 서로를 응원함과 동시에 견제하면서 HBS 캠퍼스 안의 팀워크는 더욱 공고해진다.

또한 나는 세상에 이렇게나 많은 비극이 일어나고 있다는 것을 HBS를 통해 배웠다. 어찌 보면 그동안 내가 대한민국의 미디어를 통해 전해 듣는 소식은 제한적이었고, 나의 시야는 극히 편협했음을 HBS 친구들을 통해 깨달을 수 있었다.

전 세계 각 국가에서 온 친구들이 모여 있는 강의실에서는 좋은 소식만큼이나 비극적인 소식도 함께 공유된다. 뉴욕 시내 한가운데서 한인이 피습되었을 때, '블랙 라이브스 매터 Black Lives Matter' 시위가 한창이던 때, 레바논에서 시민운동이 일어나던 때 모두 가장 먼저 다양한 의견을 접한 곳은 강의실이었다.

내가 학교를 다니던 시기는 가장 극적으로 사회가 움직이던 시기였다. HBS의 학생들은 사회 문제를 그냥 지나치는 데 그치지 않고, 너무나 자연스럽게 모금 운동을 하고 관련된 비즈니스 아이디어를 기획했다. 이를테면 코로나가 심각해지던 시기에는 구호 물품을 나눌 수 있는 플랫폼을 개발하고, 아시안 인종 차별Asian Hate 문제가 대두되자 이 건에 대해 성명을 내고 모금을 통해 관련 기관에 기부를 진행하기도 했다. 이 모든 기획과 행동이 문제가 발생하고 고작 한두 달 만에 기획되고 실행된 부분이라는 것이 인상적이었다.

"운이 너무 좋았어"

많은 학생들이 세상에 대한 연민과, 적극적인 행동력을 갖추게 되는 근간은 무엇이었을까. 그것은 주어진 것을 당연히 여기지 않고, 행운을 행운으로 순수하게 받아들이는 마음이었던 것 같다. 어느 늦은 오후 따뜻한 햇살을 만끽하면서 캠퍼스 잔디밭에 누워 있었다. 캠퍼스를 누비는 토끼와 청설모를 지켜보면서 커피 한잔을 마시는데, 행복하다는 소리가 절로 나왔다. 그러자 옆에 있던 한 친구가 말했다

"우리 인간적으로 너무 행운인 것 아니니?"

우여곡절 끝에 하버드 비즈니스 스쿨이라는 특별한 공간에서 만나게 된 친구들은 서로가 얼마나 행운을 가지고 태어났는지에 대해서 끊임없이 이야기한다.

HBS가 여러 문제에 민감하게 반응하는 이유는 사회적 책임에 대한 의식 수준 때문만은 아니다. 누구나 모든 면에서 사회의 주류일 수는 없고, 심지어 HBS 학생들조차 한 영역에서는 사회적 약자로서 속상한 일을 품고 있다. 조금 더 안정적인 환경을 가지고 있는 사람들이 움직여야 한다는 일종의 책임감과 더불어, 나도 언제든 약자가 될 수 있다는 가능성을 잊지 않는 것이다.

나 또한 한국에서는 소위 말하는 주류 사회의 일원으로서 속상한 일을 많이 경험하지 않았다. 하지만 뉴욕 거리 한복판에서는 행인들로부터 무시를 당하기도 하고, 크고 작은 편견과 차별에 시달리면서 인종 차별의 문제에 대해서만큼은 분

명한 소수자임을 실감했다. 소수자가 되는 경험을 기꺼이 하고, 그 가운데서 불합리함을 몸소 체험하면서 "내가 남을 위해 움직여야, 내가 필요할 때 남이 나를 위해 애써준다"는 만고불변의 진리를 실감하게 되었다.

지금까지 쌓아온 커리어, 축적해온 지식이 결코 나 홀로 이룬 것이 아니라, 사회가 나에게 허락해준 선물 같은 기회의 합이라고 생각하면 절로 겸허해진다. 그리고 행운을 나의 것이라고만 여기지 않는 마음이, HBS가 거듭 강조하는 세상을 변화시키는 원동력일 것이다.

우리들 속에서

나의 마음의 범주를 넓히고 이해의 대상을 확장하는 과정을 도와준 귀중한 HBS의 인연들이 있다. 이들은 모두 세상의 이슈에 무지했던 나를 일깨워준 친구들이다.

시리아 출신 이민자인 친구는 내전의 문제가 우리 모두에게 어떤 영향을 끼치는지 알려주었다. 가까운 친구의 아픔을 통해서 이해한 비극적 사태는, 전쟁과 폭압을 겪고 있는 사람들이 결코 타인이 아님을 실감하게 했다.

고국에 돌아가고 싶지 않다고 말하는 인도 친구의 말을 통해 여전히 남아 있는 인도 내 사회적 계급의 문제에 대해서 다시 생각하게 되었고, 중동 출신으로 여전한 남존여비에 시달리는 친구를 통해서는 여성인권에 대해 보다 포괄적이고 국제적인 시각을 갖게 되었다.

나의 친구의 문제는 나의 문제가 된다. 나를 통해 HBS의 친구들이 남북문제에 대해 다시 생각하고, 뉴욕 거리에서 자행되는 아시안 인종 차별 문제에 대해 함께 분노하게 되었듯, 나도 바꾸어야 할 세상의 틈을 HBS 속 '우리들'을 통해 깨닫게 된 것이다.

HBS의 일원으로서 HBS 패밀리, 그리고 그들이 속해 있는 사회적 집단이 마주한 문제를 적극적으로 직면하면서, 나는 세상에 해결해야 할 일이 너무도 많음을, 그리고 행운으로 이곳까지 오게 된 나에게 주어진 책무가 결코 가볍지 않음을 깨달았다. 그리고 그 깨달음이 무색하지 않으려면 더 분발해야 한다는 다짐도 더해졌다.

하버드 비즈니스 스쿨이
내게 남겨준 것들

2년여의 MBA 여정을 마치고 한국에 돌아와 하버드에서 대체 무엇을 배우고 돌아왔냐는 질문을 수도 없이 많이 받았다. 분명히 배우고 느낀 바는 큰데, 방대한 경험의 층위를 하나하나 설명하는 것이 쉽지 않았다. 이런저런 생각이 요동치다 보니 정리된 답변을 하지 못하고, 웃음으로 넘기기도 했던 것 같다.

이내 HBS에서 보낸 응축된 깨달음의 시간이 내 기억에만 머무는 것은 정말 아쉬운 일이라는 생각이 들었다. 치열하고 즐거운 캠퍼스 라이프를 만끽하며 다양한 인사이트를 얻은 만큼, 나의 경험을 인수분해해서 더 많은 친구들과 나누고 싶어졌다. 조금 더 보태자면, HBS는 냉정하고 모질다는 세간의 오해를 불식하고 싶기도 했다. 따뜻한 위안이 되었던 크고 작은 만남, 소중한 인연들과의 추억을 정리된 형태로 남겨야겠다는 작은 욕심도 생겼다.

돌이켜보면, 매일이 신나는 일로 가득했던 것은 아니다. 고등학교 때도 받아보지 못한 학업 스트레스가 급격히 몰려와, 시험을 치르고 홀로 기숙사에서 눈물을 뚝뚝 흘리며 이 나이에 이 고생을 해야 하는지에 대해 진지하게 고민하기도 했다. 불투명한 미래에 혼란스러웠고, 커리어를 걱정하며 잠 못 이루는 밤도 여럿 있었다. 타지에서 홀로 지내는 외로움에 마음 한 켠이 쓸쓸해지는 일도 부지기수였다. 그럼에도 불구하고, 갈무리해보면 HBS에서의 시간은 내 인생 최고의 2년이었음은 분명하다. 순간순간이 신선한 자극이었고, 도전이었으니까. 함께한 모두가 평생을 나눌 삶의 동반자가 되었으니까. 그야말로 찬란한 시간이었다.

졸업을 하고도 평생 남는 것은 어떤 특정한 지식의 조각이 아니라, 어려운 순간을 함께 이겨내고자 고군분투했던 '우리'의 기억이 아닐까 생각한다. 더 큰 세상을, 더 다양한 사람들과, 더 진심으로 살아내겠다는 굳은 다짐이 내가 HBS에서 얻은 가장 귀한 자산이다. 나는 이 배움과 추억을 동력으로 앞으로의 커리어를, 또 삶을 잘 가꾸어 나갈 수 있을 것 같다.

쉽지 않았던 과정을 열렬히 응원하고 지지해준 우리 가족 엄마, 아빠, 동생 재웅이에게 사랑을 보낸다. 더불어 2년간의 장거리 연애를 견디며 응원해준 남편 곽창수 님과 시부모님께도 감사를 전한다. 끝으로 일천한 경험을 책으로 엮을 수 있게 적극 도와주신 토네이도 출판사, 특히 담당 편집자님의 노고에 감사드린다.

하버드 비즈니스 스쿨에서 내가 배운 것들

1판 1쇄 발행 2023년 4월 10일

지은이 최다혜
발행인 오영진 김진갑
발행처 토네이도미디어그룹(주)

책임편집 박민희
기획편집 박수진 유인경 박은화
디자인팀 안윤민 김현주 강재준
표지 및 본문 디자인 studio forb
마케팅팀 박시현 박준서 김예은 조성은
경영지원 이혜선 임지우

출판등록 2006년 1월 11일 제313-2006-15호
주소 서울시 마포구 월드컵북로5가길 12 서교빌딩 2층
독자 문의 midnightbookstore@naver.com
전화 02-332-3310 팩스 02-332-7741
블로그 blog.naver.com/midnightbookstore
페이스북 www.facebook.com/tornadobook

ISBN 979-11-5851-264-4 (03190)